Olaf Borngräber

Rechtlicher Schutz von Webseiten

Wie kann ich meine Internetseite
vor Nachahmung schützen?

Borngräber, Olaf: Rechtlicher Schutz von Webseiten. Wie kann ich meine Internetseite vor Nachahmung schützen?, Hamburg, Diplomica Verlag GmbH

Umschlaggestaltung: Diplomica Verlag GmbH, Hamburg

ISBN: 978-3-8366-8266-4

© Diplomica Verlag GmbH, Hamburg 2010

Bibliografische Information der Deutschen Nationalbibliothek:
Die Deutsche Nationalbibliothek verzeichnet diese Publikation
in der Deutschen Nationalbibliografie;
detaillierte bibliografische Daten sind im Internet über
http://dnb.d-nb.de abrufbar.

Die digitale Ausgabe (eBook-Ausgabe) dieses Titels trägt die
ISBN 978-3-8366-3266-9 und kann über den Handel oder
den Verlag bezogen werden.

Dieses Werk ist urheberrechtlich geschützt. Die dadurch begründeten Rechte, insbesondere die der Übersetzung, des Nachdrucks, des Vortrags, der Entnahme von Abbildungen und Tabellen, der Funksendung, der Mikroverfilmung oder der Vervielfältigung auf anderen Wegen und der Speicherung in Datenverarbeitungsanlagen, bleiben, auch bei nur auszugsweiser Verwertung, vorbehalten. Eine Vervielfältigung dieses Werkes oder von Teilen dieses Werkes ist auch im Einzelfall nur in den Grenzen der gesetzlichen Bestimmungen des Urheberrechtsgesetzes der Bundesrepublik Deutschland in der jeweils geltenden Fassung zulässig. Sie ist grundsätzlich vergütungspflichtig. Zuwiderhandlungen unterliegen den Strafbestimmungen des Urheberrechtes. Die Wiedergabe von Gebrauchsnamen, Handelsnamen, Warenbezeichnungen usw. in diesem Werk berechtigt auch ohne besondere Kennzeichnung nicht zu der Annahme, dass solche Namen im Sinne der Warenzeichen- und Markenschutz-Gesetzgebung als frei zu betrachten wären und daher von jedermann benutzt werden dürften. Die Informationen in diesem Werk wurden mit Sorgfalt erarbeitet. Dennoch können Fehler nicht vollständig ausgeschlossen werden und die Diplomica GmbH, die Autoren oder Übersetzer übernehmen keine juristische Verantwortung oder irgendeine Haftung für evtl. verbliebene fehlerhafte Angaben und deren Folgen.

Inhaltsverzeichnis

Abkürzungsverzeichnis IV

Abbildungsverzeichnis VI

Tabellenverzeichnis VI

1 Einleitung 1

2 Modernes Webdesign 3

    2.1 Die überwiegend eingesetzten Webtechniken 3

        2.1.1 Auszeichnungssprache 3

            2.1.1.1 Hyper Text Markup Language – HTML 3

            2.1.1.2 Cascading Style Sheets - CSS 6

        2.1.2 Serverseitig ausgeführte Techniken 8

            2.1.2.1 Active Server Pages – ASP 9

            2.1.2.2 Hypertext Preprocessor – PHP 10

            2.1.2.3 Java Server Pages – JSP 11

        2.1.3 Clientseitig ausgeführte Techniken 13

            2.1.3.1 JavaScript 13

            2.1.3.2 Java und Java-Applets 14

            2.1.3.3 Flash 16

            2.1.3.4 ActiveX 17

    2.2 Content Management Systeme 18

    2.3 Metatags 20

3 Immaterialgüterrecht 23

    3.1 Einführung in das Immaterialgüterrecht 23

    3.2 Das Urheberrecht 26

        3.2.1 Allgemeines 26

        3.2.2 Die einzelnen Elemente einer Webseite und deren Schutz 30

  3.2.2.1 Stehende Bilder 31

  3.2.2.2 Bewegte Bilder 36

  3.2.2.3 Text / Content 39

  3.2.2.4 Töne und Musik 44

  3.2.2.5 Die Webseite in ihrer Gesamtheit 46

  3.2.2.6 Sonstiges 53

 3.2.3 Der Unterschied des deutschen Urheberrechts zum Copyright 53

 3.2.4 Freie Lizenzen, insbesondere Creative Commons 56

3.3 Das Markenrecht 59

 3.3.1 Allgemeines 59

 3.3.2 Die einzelnen Elemente einer Webseite und deren Schutz 64

  3.3.2.1 Stehende Bilder 64

  3.3.2.2 Bewegte Bilder 66

  3.3.2.3 Texte 66

  3.3.2.4 Töne 67

  3.3.2.5 Die Webseite in ihrer Gesamtheit 68

  3.3.2.6 Sonstiges 72

3.4 Das Designrecht 74

 3.4.1 Allgemeines 74

 3.4.2 Die einzelnen Elemente der Webseite und deren Schutz 76

  3.4.2.1 Stehende Bilder 77

  3.4.2.2 Die Webseite in ihrer Gesamtheit 77

 3.4.3 Das europäische Gemeinschaftsgeschmacksmuster 79

4 Wettbewerbsrecht 82

4.1 Einführung in das Wettbewerbsrecht 82

4.2 Ergänzender wettbewerbsrechtlicher Leistungsschutz 84

 4.2.1 Allgemeines 84

4.2.2 Der Schutz der Webseite vor Nachahmung durch § 4 Nr. 9 UWG 86

5 Wem stehen die behandelten Rechte zu? 91

    5.1 Urheberrecht 91

    5.2 Markenrecht 93

    5.3 Geschmacksmusterrecht 94

    5.4 Wettbewerbsrecht 94

6 Zusammenfassung und Fazit 95

Literaturverzeichnis 98

Quellenverzeichnis 101

Rechtsprechungsverzeichnis 107

Anmerkung des Autors 109

Abkürzungsverzeichnis

Abs.	Absatz
AGB	Allgemeine Geschäftsbedingungen
ASP	Active Server Pages
Az.	Aktenzeichen
BGB	Bürgerliches Gesetzbuch
BGH	Bundesgerichtshof
BMJ	Bundesministerium der Justiz
bzw.	beziehungsweise
CSS	Cascading Style Sheets
CMS	Content Management System
DPMA	Deutsches Patent und Markenamt
EG	Europäische Gemeinschaft
EuGH	Europäischer Gerichtshof
EPÜ	Europäisches Patentübereinkommen
EWG	Europäische Wirtschaftsgemeinschaft
f.	folgende
ff.	fortfolgende
GemGeschmMVO	Gemeinschaftsgeschmacksmusterverordnung
GeschmMG	Geschmacksmustergesetz
GmbH	Gesellschaft mit beschränkter Haftung
GMV	Gemeinschaftsmarkenverordnung
GPÜ	Gemeinschaftspatentübereinkunft
GWB	Gesetz gegen Wettbewerbsbeschränkungen
HABM	Amt der europäischen Union für die Eintragung von Marken und Geschmacksmustern
HTML	Hyper Text Markup Language
i. e. S.	im engsten Sinne
i. S.	im Sinne
IPR	Internationales Privatrecht
i. v. m.	in Verbindung mit
JSP	Java Server Pages
KunstUrhG	Kunsturhebergesetz
LG	Landgericht

max.	maximal
MMA	Madrider Markenabkommen
MarkenG	Markengesetz
MarkenVO	Markenverordnung
OLG	Oberlandesgericht
PatKostG	Patentkostengesetz
PCT	Patentzusammenarbeitsvertrag
PHP	Hypertext Preprocessor
PVÜ	Pariser Verbundübereinkunft
rBÜ	revidierte Berner Übereinkunft
Rn.	Randnummer
S.	Satz
TRIPS	Agreement on Trade-Related Aspects of Intellectual Property Rights
u. a.	und andere
usw.	und so weiter
UrhG	Urhebergesetz
uvm.	und viele(s) mehr
UWG	Gesetz gegen den unlauteren Wettbewerb
WCT	World Copyright Treaty
WCMS	Web Content Management System
WIPO	World Intellectual Property Organization
WPPT	World Performers and Producers Rights Treaty
z.B.	zum Beispiel

Abbildungsverzeichnis

Abbildung 1: Zusammenhänge der verschiedenen Rechtsgebiete 26

Abbildung 2: Nutzungsbestimmungen der Creative Commons Lizenzen 57

Tabellenverzeichnis

Tabelle 1: Möglichkeiten und Grenzen von JavaScript.. 14

Tabelle 2: Einsatzmöglichkeiten von Java 16

Tabelle 3: Sprachwerke und Schutzvoraussetzungen... 41

1 Einleitung

Seit Erfindung des Internets in den 90er Jahren nimmt nicht nur die Zahl der Nutzer, sondern auch die Zahl der Webseiten stetig zu. Was damals noch als Forschungsnetzwerk gedacht war, wird heutzutage für die verschiedensten Einsatzgebiete verwendet. Nicht nur private Personen präsentieren sich und ihr Hobby zum Beispiel auf der eigenen Webseite, auch Vereine und Institutionen nutzen das globale Medium Internet, um ihre Informationen der ganzen Welt zur Verfügung zu stellen. Unter dem Stichwort Web 2.0 gibt es unzählige soziale Netzwerke, durch die die Nutzer über das Internet nicht nur aktuelle Kontakte pflegen, sondern auch alte Kontakte wiederaufleben lassen können. Auch die Unternehmen, seien es nun die großen Konzerne oder eher kleine lokale Betriebe, haben die Vorteile des Internets unlängst für sich erkannt. Die eigene Webseite ist mittlerweile zu einem nicht mehr wegzudenkenden Marketingtool der Unternehmen geworden. Sie ist die Visitenkarte des Unternehmens und soll natürlich die Nutzer durch ihre Aufmachung ansprechen und das Unternehmen in der ganzen Welt ins rechte Licht rücken. Aus diesem Grund ist es gerade für Unternehmen, aber auch für jeden anderen Webseiten-Betreiber wichtig, dass die eigene Seite und damit verbunden, die Informationen und eigene kreative Leistung, nicht ohne Strafe nachgeahmt werden können.

Das Medium Internet ist mit seiner sehr großen Anzahl an unterschiedlichen Webseiten unglaublich vielfältig. Diese Vielfalt kann allerdings nur zustande kommen, werden die Webdesigner durch die rechtlichen Schranken nicht zu sehr in ihrer Kreativität eingeschränkt. Auf der anderen Seite möchte niemand, dass seine Seite ohne großen Aufwand von anderen Webseiten-Betreibern kopiert werden kann. Es ist daher sehr schwierig den richtigen Mittelweg zwischen rechtlichem Schutz auf der einen Seite und Freiraum für die Kreativität des Webdesigners auf der anderen zu finden. Erschwert wird dies noch durch die Tatsache, dass die in Deutschland gültigen Gesetze noch nicht vollständig an das digitale Zeitalter und insbesondere das globale Medium Internet angepasst sind. Auch die lediglich territoriale Wirkung der deutschen Gesetze erleichtert diese Problematik, die mit den in der Regel international abrufbaren Webseiten verbunden ist, nicht wirklich.

Das vorliegende Buch beschäftigt sich daher mit dem Themengebiet „rechtlicher Schutz von Webseiten". Dabei werden verschiedene Gesetze herangezogen und auf die gegebenen Möglichkeiten hin untersucht, Schutz über diese für eine Webseite zu erlangen. Mit diesen Untersuchungen soll nicht nur die Frage geklärt werden „Ist meine Webseite rechtlich vor Nachahmung geschützt und wer ist vor allem der Inhaber dieser Rechte?". Auch die schwierige Lage der Webdesigner, die oft nicht wissen, ob sie bestimmte Fotos, Animationen und Texte einfach verwenden dürfen, soll hierdurch geklärt werden. Die Untersuchungen sind dabei grob in die beiden Rechtsgebiete Immaterialgüterrecht und Wettbewerbsrecht zu unterteilen. Zunächst werden dabei alle in Frage kommenden Immaterialgüterrechte näher untersucht, bevor auch ein Schutz und dessen Voraussetzungen durch das Wettbewerbsrecht in Betracht gezogen werden. Um jedoch die rechtlichen Untersuchungen und vor allem die in den jeweiligen Kapiteln vorgenommene Aufteilung in Untersuchungen der einzelnen Elementen einer Webseite und Untersuchungen der Webseite als Gesamtheit nachvollziehen zu können, soll in Kapitel 2 zunächst das „Handwerkszeug" der Webdesigner vorgestellt werden. Hier werden die überwiegend eingesetzten Webtechniken und deren Einsatzgebiete kurz erläutert. Auch die Themen Content Management Systeme und Metatags werden in diesem Kapitel abgehandelt, da sie ebenfalls einen Bezug zum Thema dieses Buches aufweisen.

2 Modernes Webdesign

Dieses erste Kapitel des vorliegenden Buches, gibt dem Leser zunächst einen Einblick zum Thema modernes Webdesign. Dies ist notwendig, um die in den späteren Kapiteln vorkommenden rechtswissenschaftlichen Untersuchungen und deren Aufteilung leichter nachvollziehen zu können. So werden hier die überwiegend bei der Gestaltung von Webseiten zum Einsatz gelangenden Webtechniken erläutert. Abschließend wird der Bezug der beiden Themen „Content Management Systeme" und „Metatags" zum Thema dieses Buches kurz aufgezeigt.

2.1 Die überwiegend eingesetzten Webtechniken

Alle in diesem Abschnitt vorkommenden Webtechniken stellen Werkzeuge der Webdesigner beim Erstellen einer Webseite dar. Jede Technik hat besondere Vorteile, aber auch Nachteile und mit ihrer Hilfe können bestimmte Elemente einer Webseite realisiert werden. Die am Häufigsten eingesetzten Techniken werden im Folgenden näher betrachtet.

2.1.1 Auszeichnungssprache

2.1.1.1 Hyper Text Markup Language – HTML

Um die Funktion und Aufgabe der Auszeichnungssprache HTML besser erklären zu können, sollte zunächst die Entstehung des Internets und hier besonders des World Wide Web betrachtet werden. Die Wurzeln des Internet sind bis in die 60er Jahre zurück zu verfolgen. Die eigentliche Idee, welche hinter dem Internet steht, ist die Tatsache, dass das amerikanische Militär auf der Suche nach einem System war, mehrere räumlich voneinander getrennte Computer miteinander zu verbinden, um so gemeinsam Zugriff auf Daten verschiedener Systeme zu erhalten. Diese Dateien sollten dann innerhalb kürzester Zeit auf allen eingebundenen Rechnern zur Verfügung stehen. Zuständig für die Umsetzung dieses Projekts war die dem US-Militär angehörige

Abteilung „Advanced Research Projects Agency" oder auch kurz ARPA, weshalb der Urvater des Internets auch unter dem Begriff ARPA-Net bekannt ist. Das im Jahr 1969 startende Projekt erlangte innerhalb kürzester Zeit großes Interesse. Gerade auf dem Gebiet des wissenschaftlichen Arbeitens wurde die Möglichkeit seine Forschungsergebnisse schnell und unkompliziert zu präsentieren geschätzt. Nach der Einführung eines einheitlichen Datenübertragungsprotokolls, namentlich TCP/IP-Protokoll, auf das hier nicht näher eingegangen werden soll, wurde das ARPA-Net in den achtziger Jahren in einen militärischen Teil (MilNet) und einen dem wissenschaftlichen Datenaustausch vorbehaltenen Teil (ARPA-Net) aufgeteilt. Innerhalb kürzester Zeit beteiligten sich immer mehr Rechner am wissenschaftlichen ARPA-Net, und auch Ländergrenzen konnten diesem Wachstum nicht entgegenwirken, weshalb aufgrund der Internationalisierung dieses Netzes die komplette Infrastruktur nur noch als Internet bezeichnet wurde. Ziel des ARPA-Net war es Computer auf der ganzen Welt miteinander zu verbinden, um so einen Datenaustausch zu ermöglichen.[1]

Einen ähnlichen Ansatz hatte ein im Jahre 1990 beginnendes Projekt am CERN-Institut in Genf. Tim Berners-Lee war einer der Wissenschaftler, die an diesem Projekt arbeiteten. Ziel war es Wissenschaftlern verschiedenster Universitäten auf der ganzen Welt die Möglichkeit zu geben, schnell und zuverlässig auf Forschungsergebnisse zugreifen zu können.[2] Hauptaugenmerk, bei dem aufgrund seines weltumspannenden Einsatzgebietes World Wide Web (WWW) genannten Projekts, wurde auf die einfache Formatierung von Texten und die Möglichkeit zur Einbindung von Bildern gelegt. Auch Verweise auf andere Dokumente innerhalb eines Dokuments waren den damaligen Wissenschaftlern sehr wichtig. Ergebnis dieses Projekts war neben der Geburt des World Wide Web die Auszeichnungssprache HTML.[3]

Ausgeschrieben steht HTML für Hypertext Markup Language, was so viel wie Hypertext Auszeichnungssprache bedeutet. HTML ist keine echte Programmiersprache, sondern ist eher als Beschreibungssprache für Webdokumente zu verstehen. Webdesigner bezeichnen die Arbeit mit HTML auch nicht als programmieren, sondern als notieren. Mit Hilfe von HTML wird die Struktur (Aufbau, Layout) einer Webseite definiert, weshalb auch von einer Struktursprache gesprochen werden kann. In einem

---

[1] Röper, M., Grafikwerkzeuge für professionelles Webdesign, S. 9 f.
[2] http://de.html.net/tutorials/html/lesson2.asp, Stand 19.01.2009.
[3] Röper, M., Grafikwerkzeuge für professionelles Webdesign, S. 15.

HTML-Dokument finden sich z.B. Informationen an welchen Stellen der Webseite Bilder angezeigt werden sollen, wo der Text platziert ist und welche Abmessungen eine Tabelle besitzt.[4] HTML wird Betriebssystem unabhängig auf allen Computerplattformen von deren Internetbrowsern verstanden.[5] Aus diesem Grund hat es sich als „lingua franca", eine Sprache, die jeder spricht, die jeder versteht und die jeder leicht erlernen kann, durchgesetzt. [6] Alle gängigen Browser können in HTML geschriebene Anweisungen interpretieren und stellen die darin enthaltenen Informationen in grafischer Form auf dem Bildschirm des Computers dar. Das HTML-Dokument, der Quelltext der Webseite, enthält dabei nicht nur den Text, welcher auf der Seite dargestellt werden soll, sondern z.b. auch Anweisungen zur Formatierung, zum Layout und zum Aufruf anderer in verschiedenen Sprachen programmierten Elemente der Webseite.[7] Da HTML ein Klartextformat ist, die in HTML geschriebenen Quelltexte also reine Textdokumente sind, können diese mit jedem beliebigen Texteditor erstellt und bearbeitet werden. Die Interpretation und Darstellung der Webseite geschieht dann durch den Browser. Diese Tatsache, der einfache Aufbau der HTML-Dokumente und die schnell zu erlernenden Befehle, sind wohl ausschlaggebend dafür gewesen, dass sich diese Sprache in allen Browsern u.a. als standardisierte Text-Strukturierungssprache etabliert hat.[8]

Wie bereits am Anfang erwähnt, wurde die erste Version von HTML 1990 am CERN-Institut entwickelt und beinhaltete lediglich Befehle für Standardelemente, wie Titel, Überschrift, Verweise (Links), und Grafikreferenzen. Im Jahr 1997 löste Version 3.2 seinen Vorgänger ab. Die wichtigste Neuerung dieser Version stellt wohl die Einbindung von Tabellen dar. Die Verwendung von Frames, Cascading Style Sheets und Skriptsprachen, welche in den kommenden Abschnitten Beachtung finden werden, wurde durch die im Jahr 1998 erfolgte Aktualisierung des Standards auf Version 4.0 implementiert.[9] Für die Einhaltung der Einheitlichkeit der Sprache HTML und der Grundvoraussetzung, dass sie von jedem Browser interpretiert werden kann, sorgt eine spezielle Organisation mit Sitz in Genf. Das World Wide Web Consortium (W3C) hat

---

[4] http://www.html-world.de/program/html_1.php, Stand 19.01.2009.
[5] http://www.htmlbasis.de/htmlkurs/h_html.htm, Stand 19.01.2009.
[6] http://de.selfhtml.org/intro/technologien/html.htm, Stand 19.01.2009.
[7] http://www.htmlbasis.de/htmlkurs/h_html.htm, Stand 19.01.2009.
[8] http://de.selfhtml.org/intro/technologien/html.htm, Stand 19.01.2009.
[9] Röper, M., Grafikwerkzeuge für professionelles Webdesign, S. 17f.

auch die im Jahr 1999 erschienene und immer noch aktuelle Version 4.01 zum Standard erklärt.[10]

Zusammenfassend lässt sich feststellen, dass HTML die Grundlage des World Wide Web ist und der Quelltext jeder Webseite in HTML geschrieben sein muss, um überhaupt von den Browsern dargestellt werden zu können. Um dies zu erreichen gibt es allerdings die verschiedensten Wege. Es ist jedem Webdesigner freigestellt, mit welchen Tools er den Quelltext erstellt. Auch sind ihm durch die Einfachheit der Auszeichnungssprache HTML einige Grenzen in der Gestaltung der Seite gesetzt, jedoch gibt es weitere Techniken und Programmiersprachen mit deren Hilfe so gut wie jedes gewünschte Element in eine Webseite eingebunden werden kann. Gerade die Eigenschaften und Möglichkeiten, die HTML bietet, aber auch die Eigenschaften der anderen in den folgenden Abschnitten behandelten Sprachen, sind Voraussetzung für eine erfolgreiche Bearbeitung und das Verständnis des Themengebietes „rechtlicher Schutz von Webseiten".

2.1.1.2 Cascading Style Sheets - CSS

Im vorherigen Kapitel wurde gezeigt, dass mit Hilfe der Auszeichnungssprache HTML Webdokumente, sprich Webseiten strukturiert werden. Genauer genommen wird der Inhalt der Seite strukturiert, es wird also festgelegt, was in der Überschrift des Dokuments steht, was genau der Haupttext ist, welches Bild bzw. welches Multimediaelement eingebunden werden soll usw. Das Aussehen, sprich die Größe, Farbe und Schriftart z.B. der Überschrift übernimmt der Browser beim interpretieren des HTML-Quelltextes größtenteils aus seinen Grundeinstellungen, die der Nutzer in beschränktem Maße anpassen kann und aus den fest programmierten Einstellungen einzelner HTML-Elemente. Möchte der Webdesigner allerdings z.B. immer für eine bestimmte Überschrift dieselbe Schriftart verwenden, die in der Regel dazu noch nicht einmal bei jedem Browser als Standard mit installiert ist, so wird er durch die Eigenschaften und die ihm gebotenen Möglichkeiten von HTML schnell vor ein Problem gestellt. Es ist klar ersichtlich, dass es gerade zur heutigen Zeit, bei der die Webseite ein nicht mehr wegzudenkendes Marketingtool vieler Unternehmen darstellt,

---

[10] http://www.htmlbasis.de/htmlkurs/h_html.htm, Stand 19.01.2009.

umso wichtiger ist eine grafisch aufwendige und ansprechende Webseite zu besitzen, die vor allem auch noch auf allen Browsern gleich aussieht. Alleine mit HTML ist dies allerdings nicht zu erreichen. Der moderne Webdesigner muss sich hierzu eines weiteren Hilfsmittels bedienen, namentlich CSS.[11]

Die Abkürzung CSS steht für Cascading Style Sheets. Darunter sind Stilvorlagen oder auch Formatvorlagen für Webseiten zu verstehen. Die erste Version dieser Stilvorlagen wurde im Jahr 1996 vom WWW-Konsortium als Ergänzung zu HTML entwickelt und im Jahr 1998 durch Version 2 abgelöst.[12] Die Verwendung von Cascading Style Sheets zur Formatierung des Textes einer Webseite und zur Layoutgestaltung bringt einige Vorteile. Zum einen wird zur Erstellung eines Style Sheet, analog zur Erstellung eines HTML-Dokuments, keine spezielle Software benötigt. Cascading Style Sheets werden ebenfalls im Klartextformat geschrieben, weshalb sie mit jedem Texteditor erstellt werden können.[13] Da HTML ursprünglich nur zur Strukturierung des Webdokuments gedacht war und seine Möglichkeiten dieses zu formatieren eingeschränkt sind, bieten Cascading Style Sheets nicht nur viele neue Möglichkeiten der Formatierung, sie trennen auch die Formatierungsanweisungen von der Strukturierung des Dokuments, weshalb der Quelltext bedeutend übersichtlicher wird.[14] Durch diese Trennung ist es dem Webdesigner auch möglich mehrere Seiten einer Homepage mit einem Style Sheet zu formatieren. Er erspart sich so die umständliche Formatierung jeder einzelnen Seite mit den Befehlen, die ihm durch HTML vorgegeben sind. Des Weiteren ist es für ihn viel einfacher, Änderungen am Layout vorzunehmen, da er nur das Style Sheet ändern muss, welches dann von den einzelnen Seiten im Quelltext der Webseite aufgerufen wird. Auch diese Tatsache trägt dazu bei, dass der Quelltext der Webseite bedeutend übersichtlicher wird und weniger Speicherplatz verbraucht, was wieder zu schnelleren Ladezeiten der Webseite führt.[15] Bei der Fülle der heute erhältlichen Webbrowser ist es sehr schwer geworden, jede Seite auf jedem Browser gleich aussehen zu lassen. Verwendet der Webdesigner Formatvorlagen, um die Webseite zu formatieren, muss er, sollte die Seite auf einem bestimmten Browser nicht korrekt angezeigt werden, nur die Vorlage für diesen Browsertyp anpassen und nicht den gesamten Quelltext bearbeiten.

---

[11] http://de.selfhtml.org/intro/technologien/css.htm, Stand 20.01.2009.
[12] Röper, M., Grafikwerkzeuge für professionelles Webdesign, S. 111 ff.
[13] http://de.selfhtml.org/intro/technologien/css.htm, Stand 20.01.2009.
[14] Kübler, M., Webdesign, S. 78 f.
[15] http://www.html-world.de/program/css_1.php, Stand 20.01.2009.

Auch die Änderung des Layouts der Webseite zu einem späteren Zeitpunkt verlangt nur den Austausch der Formatvorlage, nicht aber die Abänderung des gesamten Quelltextes. Natürlich besitzen Cascading Style Sheets nicht nur die hier ausgiebig dargestellten Vorteile. Gerade in der Vergangenheit konnte es vorkommen, dass Browser entweder keine Unterstützung von Style Sheets implementiert hatten oder diese fehlerhaft war, weshalb die Seite nicht richtig dargestellt wurde.[16] Die Möglichkeiten des Webdesigners, die ihm durch die Verwendung von Style Sheets zur Verfügung stehen, sollen hier noch einmal abschließend aufgeführt werden:

- Einstellungen zur Schriftart, Schriftgröße und Farbe
- Positionierungs- und Abstandsangaben
  (Textausrichtung, Zeilenabstände, Dimensionen von einzelnen Elementen usw.)
- Angaben zu Hintergrundfarbe oder Hintergrundbild
- Eingabefelder bei der Verwendung von Formularen können variiert werden
- Das Aussehen von Mauszeigern kann verändert werden
- Die Gestaltung von Rahmen ist variabel[17]

2.1.2 Serverseitig ausgeführte Techniken

Um die nunmehr folgende Einteilung der vorgestellten Webtechniken in serverseitig ausgeführte Techniken und clientseitig ausgeführte Techniken nachvollziehen zu können, soll hier kurz das Funktionsprinzip des Internets erklärt werden. Das Internet funktioniert in der Regel nach dem Client/Server-Prinzip, der Client (Computer des Internetnutzers) fragt beim Server (Computer auf dem die Webseite abgespeichert ist) eine Seite an, der Server bearbeitet die Anfrage und schickt die Antwort an den Client. Dieser stellt die Antwort mit Hilfe des Browsers grafisch dar. Dies ist das ursprünglich zu Grunde liegende Wirkprinzip des Internet, egal wo auf der Welt eine Information abgerufen wird, jeder Mausklick bewirkt, zumindest innerhalb der Ländergrenzen, dieselbe Antwort des Servers. Diese Interaktion zwischen Nutzer und Internet wird auch als statisch bezeichnet. Heutzutage gibt es unzählige Beispiele für Webseiten, die nicht statisch sind, sondern je nach Anfrage des Nutzers und abgestimmt auf dessen Eingaben

---

[16] Born, G., HTML 4, S. 494 f.
[17] Röper, M., Grafikwerkzeuge für professionelles Webdesign, S. 112 f.

unterschiedliche Antworten ausgeben. Das Erscheinungsbild und die angezeigten Informationen werden also für jede Anfrage vom Server neu generiert und an den Client geschickt. Diese Interaktion zwischen Nutzer und Internet wird auch als dynamisch bezeichnet. Um diese Aufgaben allerdings zeitnah und zuverlässig bearbeiten zu können benötigt der Server zusätzlich installierte Software, die je nach Anfrage ausgeführt werden kann. Die gängigsten Techniken und deren Einsatzgebiete werden nunmehr in diesem Abschnitt vorgestellt.[18]

2.1.2.1 Active Server Pages – ASP

Die Abkürzung ASP steht für Active Server Pages und ist eine von der Firma Microsoft entwickelte Technologie um serverseitige Programmierung und damit dynamische Webseiten zur ermöglichen. Active Server Pages arbeiten nach dem in Kapitel 2.1.2 dargestellten Prinzip.[19] Ruft der Nutzer eine Webseite, die ASP-Code enthält, auf, wird auf dem Server die ASP-Anwendung gestartet, der Code von dieser durchgearbeitet und die entsprechend enthaltenen Anweisungen ausgeführt. Als Ergebnis dieses Vorgangs sendet der Server einen von ASP-Code befreiten HTML-Code an den Client zurück, dessen Browser das HTML-Dokument dann anzeigt. Dieser HTML-Code enthält nur noch das Ergebnis der serverseitigen Bearbeitung. Der ursprünglich diesen Arbeitsschritt auslösende HTML-Quelltext bleibt unverändert und kann bei erneutem Aufruf weitere Bearbeitungen durch den Server auslösen. Eben diese Tatsache ist einer der Vorteile, die ASP gegenüber reinem HTML mit sich bringt. Die Inhalte bzw. Dienste der Webseite können für jeden Nutzer oder auch bei jedem Aufruf neu bearbeitet werden.[20] Ein weiterer Vorteil von ASP entsteht durch die Tatsache, dass ASP serverseitig arbeitet und nur reinen HTML-Code als Ergebnis hat, weshalb es vollständig browserunabhängig ist. Wie der Name Active Server Pages vermuten lässt, handelt es sich hierbei nicht um eine Programmiersprache, sondern wie bereits einleitend erwähnt um eine reine Anwendung. Die Einsatzmöglichkeiten von ASP sind vielseitig. Gerade in Verbindung mit Datenbanken wird ASP oft eingesetzt. Soll z.B. ein Gästebuch auf einer Webseite realisiert werden, so kann die Anzeige der Datenbankeinträge mittels ASP realisiert werden. Aber auch Newsletter, Emailversand,

---

[18] Dehnhardt, W., Scriptsprachen für dynamische Webauftritte, S. 9 ff.
[19] Wenz, C., Hauser, T., Jetzt lerne ich Webseiten programmieren und gestalten, S. 173.
[20] http://www.html-world.de/program/asp_1.php#wasistasp?, Stand 21.01.09.

Dateiupload, verarbeiten von Office-Dokumenten oder auch die Ausführung der zu einem späteren Zeitpunkt behandelten ActiveX-Elemente sind beliebte Anwendungen für Active Server Pages.[21]

2.1.2.2 Hypertext Preprocessor – PHP

Im Jahre 1995 wurde die erste PHP-Version von Rasmus Lerdorf entwickelt. Ursprünglich stand die Abkürzung PHP für Personal Home Page, mittlerweile hat sich allerdings das rekursive Akronym „Hypertext Preprocessor" durchgesetzt. Der Erfinder Lerdorf wollte mit seiner ersten PHP-Version seinen Codieraufwand reduzieren, um häufig wiederkehrende Aufgaben schneller und einfacher umsetzen zu können. Aus diesem Grund werden in PHP programmierte Anweisungen auch in den ursprünglichen HTML-Quelltext der Webseite eingebettet und können deshalb auch mit jedem Texteditor erstellt und bearbeitet werden. PHP hat sich über die Jahre immer weiter entwickelt und war bereits im Jahr 2000 auf mehr als 2,5 Millionen Webdomains installiert. Die aktuellste Version von PHP ist Version 5.[22] PHP ist eine serverseitige Skriptsprache, welche zur Gestaltung von dynamischen Webseiten eingesetzt wird. Damit der Server die in PHP geschriebenen Anweisungen ausführen kann, muss auf ihm ein PHP-Interpreter installiert sein. Wird nun eine Webseite aufgerufen, in deren HTML-Quelltext PHP-Anweisungen eingebettet sind, erkennt dies der Server und interpretiert diese Anweisungen mit Hilfe des PHP-Interpreters. Nach erfolgreicher Interpretation dieser Anweisungen wird ein reiner HTML-Code an den Browser des Nutzers gesendet, der dann die Webseite darstellt.[23] PHP ist sehr einfach zu erlernen, was wohl der Hauptgrund dafür ist, dass PHP die am meisten eingesetzte serverseitige Skriptsprache ist. Eines der Haupteinsatzgebiete von PHP ist die Zusammenarbeit mit Datenbanken.[24] Aber auch Besucherzähler, Gästebücher, Diskussionsforen, Bilderdienste, Umfragen, Chats, Enzyklopädien, Blogs und Formulare zur Verarbeitung von z.B. Kontaktdaten lassen sich mit Hilfe von PHP realisieren.[25] Neben dem großen Vorteil, dass PHP leicht und schnell zu erlernen ist, überzeugt es die Webdesigner auch immer wieder durch seine Perfomance. PHP gehört zu den schnellsten Skriptsprachen

---

[21] http://www.asphelper.de/aspkurs/A100100.asp, Stand 21.01.09.
[22] Hudson, P., PHP in a nutshell, S. 1 ff.
[23] http://de.selfhtml.org/intro/technologien/php.htm, Stand 21.01.09.
[24] Balzert, H., Basiswissen Web-Programmierung, S. 200.
[25] http://www.php-kurs.com/anwendungen-php.htm, Stand 21.01.2009.

und macht sogar dem bereits vorgestellten ASP in Sachen Geschwindigkeit ernste Konkurrenz.[26] Ein weiterer Vorteil von PHP liegt in der Tatsache, dass es serverseitig ausgeführt wird und so beim Nutzer der Webseite keine Kompatibilitätsprobleme auftreten können, wie dies bei clientseitig ausgeführten Sprachen der Fall sein kann. Hier liegt wiederum allerdings auch einer der Nachteile, da aufgrund dieser Tatsache mit Hilfe von PHP z.B. keine grafisch aufwendigen Animationen realisiert werden können.[27]

2.1.2.3 Java Server Pages – JSP

Auch die hinter der Abkürzung JSP stehenden Java Server Pages sind ähnlich wie Active Server Pages eine serverseitig laufende Anwendung, um dynamische Webseiten zu generieren. Aus diesem Grund sind Java Server Pages ebenfalls nicht als Programmiersprache zu bezeichnen. Die mit JSP zusammenhängende Programmiersprache ist Java. Ähnlich wie die beiden anderen hier vorgestellten serverseitigen Techniken generieren JSP eine an den Server gestellte Antwort auf eine Anfrage.[28] Ihren Ursprung haben Java Server Pages im Jahr 1994 mit der Erfindung der Java-Servlets durch James Gosling. Dieser entwickelte damals einen komplett auf Java basierenden Webserver. Die Java-Servlets waren dabei kleine Java-Programme die auf dem Server HTML-Ergebnisseiten erstellten. Die erste Version der Java Server Pages wurde dann Anfang 1999 von Sun Microsystems herausgegeben. Nach vielen Zwischenversionen erschien im Sommer 2003 dann Version 2.0 der Java Server Pages.[29] Bei dieser Technik wird in den normalen HTML-Quelltext der Webseite Java-Code eingebettet. Dieser Code soll ausgeführt werden, sobald die Seite auf dem Server aufgerufen wird. Ist dies geschehen, erstellt die auf dem Server installierte JSP-Engine aus dem Java-Code ein Java-Servlet. Dieses Servlet wird allerdings nur erstellt, sollte es noch nicht auf dem Server existieren oder sollte sich der eingebettete Java-Code verändert haben. Das Servlet wird nunmehr ausgeführt und sendet seine Antwort als

---

[26] Hudson, P., PHP in a nutshell, S. 2 ff.
[27] http://www.html-world.de/program/php_1.php, Stand 21.01.2009.
[28] Fesler Kaminaris, S., Jetzt lerne ich Java Server Pages, S. 24 f.
[29] Balzert, H., Basiswissen Web-Programmierung, S. 250 ff.

HTML-Dokument an den Client, dessen Browser dieses dann darstellt.[30] Mit dem Einsatz von Java Server Pages sind einige Vorteile gegenüber anderen Techniken verbunden. Da sie auf der Programmiersprache Java basieren, folgen sie dem Grundsatz „write once, run anywhere"[31], was bedeuten soll, dass einmal programmierte Java Server Pages auf allen JSP-unterstützenden Webservern laufen werden. Auch die Tatsache, dass die Arbeit mit JSP in zwei Kategorien aufgeteilt werden kann, ist ein weiterer großer Vorteil. So kann in einem größeren Projekt das Team der Programmierer in ein kreatives, für den grafischen Anteil der Webseite zuständiges Team und ein Team aufgeteilt werden, welches für den dynamischen Teil der Seite zuständig ist, sich also mit der Java Programmierung auseinandersetzt. Die beiden Ergebnisse der Teams müssen danach nur noch im HTML-Quelltext zusammengefügt werden.[32] Das Einsatzgebiet der Technik Java Server Pages ist vielfältig. So kann diese überall eingesetzt werden, wo serverseitige Entscheidungen oder Aktionen notwendig sind. Oft werden Java Server Pages eingesetzt, um auf einer Webseite den Benutzernamen und das Passwort eines Nutzers abzufragen.[33] Aber auch folgende Einsatzmöglichkeiten von JSP wären denkbar:

- Zugriff auf Datenbanken[34]
- Formularauswertung[35]
- Online-Anmeldungen für z.B. Vorlesungen, Veranstaltungen usw.[36]
- Adressverwaltung[37]
- Online-Inventarisierung[38]
- Neuberechnung von Grafiken[39]

---

[30] http://www.clab-forschung.phbern.ch/webdesign/index.php?inhalt_links=jsp/nav_jsp.inc.php&inhalt_mitte=jsp/home.inc.php, Stand 22.01.09.
[31] Fesler Kaminaris, S., Jetzt lerne ich Java Server Pages, S. 24.
[32] Fesler Kaminaris, S., Jetzt lerne ich Java Server Pages, S. 24 ff.
[33] Vgl. Turau, V., Java Server Pages, S. 23.
[34] http://www.jsptutorial.org/content/introduction, Stand 22.01.09.
[35] http://www.clab-forschung.phbern.ch/webdesign/index.php?inhalt_links=jsp/nav_jsp.inc.php&inhalt_mitte=jsp/formularauswertung.inc.php, Stand 22.01.09.
[36] http://www.clab-forschung.phbern.ch/webdesign/index.php?inhalt_links=jsp/nav_jsp.inc.php&inhalt_mitte=jsp/anmeldung.inc.php, Stand 22.01.09.
[37] http://www.clab-forschung.phbern.ch/webdesign/index.php?inhalt_links=jsp/nav_jsp.inc.php&inhalt_mitte=jsp/adressen.inc.php, Stand 22.01.09.
[38] http://www.clab-forschung.phbern.ch/webdesign/index.php?inhalt_links=jsp/nav_jsp.inc.php&inhalt_mitte=jsp/inventar.inc.php, Stand 22.01.09.
[39] http://www.jsptutorial.org/content/introduction, Stand 22.01.09.

2.1.3 Clientseitig ausgeführte Techniken

Eine Webseite wird auch als dynamisch bezeichnet, wenn sie z.B. abhängig von der Mauszeigerposition wechselnde Informationen präsentiert, dies können Lauftexte, wechselnde Bilder, Animationen oder ähnliches sein. Die Darstellung der Webseite sieht für jeden Nutzer anders aus und ist nicht, wie bei den statischen Webseiten, für jeden Nutzer gleich. Gerade die Individualität, die durch diese dynamischen Effekte erzielt wird, wird heutzutage von den Webdesigner geschätzt. Die meisten dieser Effekte können mit Hilfe von clientseitig ausgeführten Techniken erreicht werden. Die wichtigsten und bekanntesten Techniken und deren Einsatzmöglichkeiten werden nunmehr in diesem Abschnitt vorgestellt.[40]

2.1.3.1 JavaScript

Im Zusammenhang mit JavaScript fällt auch oft der Begriff Java. JavaScript und Java haben allerdings nicht so viel gemeinsam, wie ihr Name anfänglich vielleicht vermuten lässt. Das im Jahre 1995 von der Firma Netscape veröffentlichte Produkt LiveScript, welches später in JavaScript umbenannt wurde, ist eine so genannte Skriptsprache. JavaScript hatte die Aufgabe dem Webdesigner völlig neue Gestaltungsmöglichkeiten zu geben. Das mit JavaScript oft verwechselte Java ist eine Entwicklung der Firma Sun Microsystems, welche in erster Linie nicht nur für die Programmierung von Webseiten entstanden ist. Im nächsten Kapitel wird allerdings zu sehen sein, dass auch mit Hilfe von Java Anwendungen für Webseiten entwickelt werden können. Der Quellcode dieser Anwendungen muss allerdings zunächst kompiliert werden, um danach plattformübergreifend ausgeführt werden zu können. Dies hat allerdings zur Folge, dass nach der Kompilierung der Quellcode nicht mehr lesbar ist. Hier liegt der Unterschied zu der Interpretersprache JavaScript. Der in den HTML-Quelltext eingebettete JavaScript-Code wird erst nach Aufruf der Seite interpretiert, weshalb er auch danach noch von jedem Nutzer der Webseite, welcher den Quelltext aufruft, gelesen werden kann.[41] Befehle und Syntax der beiden Sprachen ähneln sich jedoch, weshalb sich wahrscheinlich auch der Name JavaScript im Gegensatz zu LiveScript durchgesetzt

---

[40] Dehnhardt, W., Scriptsprachen für dynamische Webauftritte, S. 9 ff.
[41] Lamprecht, S., Programmieren für das WWW, S. 17 f.

hat.[42] Mit Hilfe von JavaScript kann der Webdesigner z.B. dynamische Webseiten erstellen, Formularfeldeingaben realisieren oder Bildwechsel-, Mouseover- oder andere Effekte[43] in die Webseite mit einbauen. Durch die Erfindung und den Einsatz von JavaScript wurden Webseiten erst zu den interaktiven Plattformen, die sie heute sind. JavaScript ergänzt die Möglichkeiten von HTML um alle benötigten Befehle und Anweisungen, mit denen eine Dynamisierung der Seite erreicht werden kann. Ein großer Vorteil dieser Skriptsprache ist, dass sie plattformunabhängig arbeitet und auf jeden Computersystemen eingesetzt werden kann.[44] Gerade JavaScript, HTML und die in den folgenden Kapiteln behandelten Sprachen ermöglichen die Umsetzung derjenigen Elemente einer Webseite, die in den späteren Kapiteln einer Untersuchung auf immaterialgüter- und wettbewerbsrechtlichen Schutz unterzogen werden. Aus diesem Grund soll Tabelle 1 die Möglichkeiten und die Grenzen von JavaScript noch einmal abschließend und übersichtlich zusammenfassen:

Möglichkeiten	*Grenzen*
Veränderung von Bildern, Buttons, Stylesheets usw. z.B. durch den Rollover-Effekt (Mouseover-Effekt)	Dauerhafte Speicherung von Daten auf der Festplatte des Client nicht möglich (Ausnahme: Cookies)
Laufschriften in der Statusleiste oder einem Formularfeld	Dauerhafte Speicherung von Daten auf dem Server nicht möglich (Chatrooms, Gästebücher, Besucherzähler usw. nicht realisierbar)
Öffnen von PopUp-Fenstern mit separatem Inhalt	Inhalt von HTML-Dateien kann nicht dauerhaft geändert werden
Öffnen von Dialogboxen z.B. zur Eingabe von Daten	Anbindung bzw. Abfrage von Datenbanken mittels JavaScript nicht direkt möglich
Auswertung von Formularen	
Automatische Erkennung des Browsers	

Tabelle 1: Möglichkeiten und Grenzen von JavaScript[45]

2.1.3.2 Java und Java-Applets

Die Programmiersprache Java wurde im Jahre 1995 von der Firma Sun Microsystems öffentlich vorgestellt. Sie basiert auf der von Bill Joy, James Gosling und Mike Sheridan im Green-Projekt 1991 entwickelten Sprache Oak und ähnelt in der Syntax der bekannten Programmiersprache C++. Java ist gerade was das Internet angeht eine

---

[42] Röper, M., Grafikwerkzeuge für professionelles Webdesign, S. 149 f.
[43] Unter Mouseover-Effekt versteht sich hier der Effekt, dass sich ein bestimmter Teil der Webseite, z.B. ein Bild, ändert sobald der Nutzer mit dem Mauszeiger darüberfährt.
[44] Hirsemann, T., Rochusch, D., Javascript – Wissen, das sich auszahlt, S. 13 ff.
[45] Seeboerger-Weichselbaum, M., JavaScript, S. 27 f.

beliebte Sprache und eröffnet dem Webdesigner einen sehr großen Gestaltungsspielraum.[46] Die objektorientierte Programmiersprache Java eignet sich nicht nur zur Verwendung im Internet, auch können Programme damit realisiert werden, die unabhängig von einer Internetverbindung auf irgendeinem java-unterstützenden Computersystem ablaufen sollen. Anders als bei in C++ programmierten Anwendungen ist das fertige Programm nicht an eine Plattform (z.b. ein bestimmtes Betriebssystem) gebunden. Einmal in Java programmierte und kompilierte Anwendungen laufen auf jedem Computersystem, welches eine Java-Unterstützung (Java Virtual Machine und Java Runtime Environment) installiert hat. Möchte ein Webdesigner ein Element seiner Webseite mittels Java realisieren, so programmiert er in der Regel ein Java-Applet, welches im HTML-Quelltext der Webseite aufgerufen und dann im Browser ausgeführt und angezeigt wird. Java-Applets sind eine Sonderform von Java-Programmen, welche in ihren Möglichkeiten eingeschränkt sind, um so sicherzustellen, dass die Programme nichts tun, was nicht vom Nutzer/Besucher der Webseite gewollt ist. So könnten z.B. in Webseiten integrierte Java-Applets die Festplatte des Nutzers/Besuchers durchsuchen und bestimmte Dateien löschen, ohne dass dieser etwas davon merkt, geschweige denn erlaubt hat.[47] Java ist eine der beliebtesten Programmiersprachen im Internet, es ist sehr leistungsfähig, hat vielfältige Eigenschaften und kann im Internet schnell und universell eingesetzt werden. Aus diesem Grund ist es eine universelle und notwendige Ergänzung zu HTML. Wie auch die anderen hier vorgestellten Programmiersprachen trägt Java seinen Teil zur Dynamisierung von Webseiten bei. Hauptsächlich werden im Internet clientseitig ausgeführte Java-Applets angewendet, aber auch auf der Seite des Servers kann Java zum Einsatz kommen (siehe auch Kapitel 2.1.2.3. Java Server Pages).[48] Die verschiedenen und zahlreichen Einsatzmöglichkeiten von Java sollen in der nun folgenden Tabelle 2 abschließend aufgezählt werden.

---

[46] http://www.html-world.de/program/java_1.php, Stand 26.01.2009.
[47] http://de.selfhtml.org/intro/technologien/java.htm, Stand 26.01.2009.
[48] http://www.html-world.de/program/java_1.php, Stand 26.01.2009.

Einsatzmöglichkeit	Client/Server
Animationen	Client
Laufbänder	Client
Chats	Client und Server
Animierte Icons	Client
Spiele	Client
kleine Internet - Anwendungen (Applets) z.B. Taschenrechner, Textverarbeitung im Browser, Bildbearbeitung im Browser usw.	Client
Bearbeitung von großen Bilddateien auf einem Server	Server
Einsatzmöglichkeit	Client/Server
Bearbeitung von Datenbanken	Server
interaktive Webseiten	-
Musik	-
und viele weitere Multimedia-Anwendungen mehr	-

Tabelle 2: Einsatzmöglichkeiten von Java[49]

2.1.3.3 Flash

Flash ist eine Entwicklungsumgebung für vektororientierte Multimedia-Applikationen. Unter Multimediaapplikation ist hierbei der Zusammenschluss von Grafiken, Animationen und Sound zu einer zusammenhängenden, selbstlaufenden Einheit zu verstehen. Die erste Version von Flash wurde im Jahr 1997 durch die Firma Macromedia veröffentlicht. Flash wurde in den letzten Jahren weiterentwickelt, es wurden immer neue Funktionen implementiert, so z.b. die Unterstützung der Flash-eigenen Skriptsprache ActionScript mit Version 4 im Jahr 1999.[50] Zurzeit aktuell ist Version 10 des mittlerweile auf 98% aller PC´s mit Internetanschluss installierten und durch die Firma Adobe aufgekauften Flash-Plug-Ins.[51] Flash ist mittlerweile der Standard für Animationen und Vektorgrafiken im Internet und hat sich gegen seine Konkurrenten durchgesetzt. Der Vorteil von Flash-Animationen oder auch Flash-Filmen liegt in der Arbeitsweise. Flash arbeitet grundsätzlich vektorbasierend. Animationen und Filme, die mit Flash auf einer Webseite integriert werden, sind im Gegensatz zu den meisten normalen Grafiken deshalb nicht pixelbasiert, weshalb sie eine große Skalierbarkeit ohne Qualitätsverlust aufweisen. Je nach Browserauflösung und Bildschirmgröße können Flash-Elemente ohne Qualitätsverlust vergrößert und umskaliert werden. Auch benötigen Flash-Elemente sehr wenig Speicherplatz, weshalb sie sich hervorragend für Webseiten eignen, da diese schnell und ohne viel

---

[49] http://www.html-world.de/program/java_1.php, Stand 26.01.2009.
[50] Ringmayr, T., Bormann, C., Macromedia Flash – Wissen, das sich auszahlt, S. 15.
[51] http://www.adobe.com/de/products/flashplayer/, Stand 26.01.2009.

Datenaufkommen vom Server heruntergeladen werden sollen.[52] Auch die Tatsache, dass das Flashformat ein sogenanntes Streaming-Format ist, das Flashelement angezeigt wird, bevor es komplett geladen ist, stellt einen großen Vorteil gerade von Flashfilmen gegenüber anderen Filmformaten für das Internet dar.[53] Aufgrund der Möglichkeit, Grafiken, Filme und Sounds zu Flash-Elementen zu kombinieren, tragen diese damit ebenfalls zur Dynamisierung von Webseiten bei. Webdesigner sollten bei der Verwendung allerdings auch die Nachtteile dieser Technik nicht aus dem Auge verlieren. So benötigen die gängigen Browser ein kostenloses Plug-In, welches sie befähigt die Flash-Elemente darzustellen. Zwar wird dieses Plug-In, wie oben beschrieben auf fast allen Computersystemen verwendet, es gehört jedoch immer noch nicht zur Standardausstattung eines Webbrowsers. Des Weiteren können mit Flash erstellte Webseiten oder Teile von Webseiten nicht durch Suchmaschinen durchsucht werden, was einen Nachteil im Vergleich zu z.B. auf Text basierenden Seiten darstellt. Durch Einsatz von Flash können nicht nur MP3-Dateien als Hintergrundmusik, kurze Filmsequenzen, Animationen oder auch interaktive Inhalte durch die Verwendung von Formularen realisiert werden.[54] Auch werden die meisten grafisch sehr aufwendigen Webseiten vieler Unternehmen, welche sich durch dauernde Bewegungen, Überblendungen, Licht-Effekte und Musik auszeichnen, mit Hilfe von Flash umgesetzt.[55]

2.1.3.4 ActiveX

ActiveX ist eine von Microsoft entwickelte Technologie, mit der ausführbarer Programmcode in Webseiten integriert werden kann. Diese Technologie steht damit in enger Konkurrenz zu der in Kapitel 2.1.3.2 behandelten Programmiersprache Java und den für das Internet interessanten Java-Applets. Microsoft versucht mit dieser Technologie spezifische Eigenschaften ihres Betriebssystems Windows für das Internet, sprich die Nutzung im Webbrowser zugänglich zu machen. Die Integration dieser Technologie kann z.B. über sogenannte ActiveX-Controls geschehen. ActiveX-Controls sind dabei kleine Programme oder Programmteile, die sich ähnlich wie Java-Applets im HTML-Quelltext der Seite integrieren lassen und bei Aufruf der Webseite auf dem

---

[52] http://www.html-world.de/program/flash_1.php, Stand 26.01.2009.
[53] Ringmayr, T., Bormann, C., Macromedia Flash – Wissen, das sich auszahlt, S. 19.
[54] http://www.html-world.de/program/flash_1.php, Stand 26.01.2009.
[55] http://de.selfhtml.org/intro/technologien/flash.htm, Stand 26.01.2009.

Client ausgeführt werden. Anders als die konkurrierenden Java-Applets, deren einzig verwendbare Programmiersprache Java ist, können ActiveX-Controls in verschiedenen Sprachen programmiert werden. Denkbar wäre so z.B. die Nutzung von Visual Basic oder C++, lediglich der Compiler muss das für ActiveX vorausgesetzte Component Object Model (COM) unterstützen. Mit Hilfe der ActiveX-Technologie lassen sich theoretisch alle Funktionen eines Windows-Betriebssystems für Webseiten realisieren. Es sind unzählige Anwendungen und Einsatzgebiete vorstellbar. Aber gerade in dieser Tatsache liegt auch ein großer Nachtteil der ActiveX-Technologie. Anders als die Java-Technologie besitzen ActiveX-Controls keinen Sicherheitsbereich, in dem diese im Internet eingesetzt werden. Dadurch sind sie zwar nicht durch diesen in ihren Einsatzmöglichkeiten eingeschränkt (vgl. Kapitel 2.1.3.3. Java und Java-Applets), sie stellen allerdings eine große Sicherheitslücke dar, weshalb sie aus Sicht der Nutzer unbeliebter sind als die konkurrierenden Java-Applets.[56] So können ActiveX-Controls nach erfolgreicher Installation alles auf dem Clientrechner machen, was auch der Nutzer dieses Rechners selbst machen könnte, z.B. Programme öffnen, Dateien löschen, Festplatte formatieren, Dateien versenden usw. Aber auch zahlreiche Multimediaanwendungen für Webseiten lassen sich mit Hilfe dieser Technologie leicht in eine Seite integrieren, wodurch die Dynamik der Seite verbessert werden kann.[57] Auch die Möglichkeit, Eingaben in einem HTML-Dokument direkt in eine angeschlossene Datenbank einzupflegen, stellt eines der vielen positiven Einsatzgebiete von ActiveX dar. Die Tatsache, dass diese Technologie momentan nur von Microsofts Internet Explorer ohne Installation zusätzlicher Plug-Ins unterstützt wird, ist jedoch ein weiterer Nachteil dieser Technologie.[58]

2.2 Content Management Systeme

In den letzten Abschnitten des Kapitels 2.1 wurde gezeigt, mit welchen Techniken Webdesigner aus einer statischen eine dynamische Webseite gestalten können. Statische Webseiten mit rein statischen Inhalten wurden früher selten, und wenn nur mit größerem Aufwand verändert. Mit steigendem Bekanntheitsgrad des Internet wurden

---

[56] http://de.selfhtml.org/intro/technologien/activex.htm, Stand 27.01.2009.
[57] http://www.uni-koeln.de/rrzk/www/browser/konfig/activex/, Stand 27.01.2009.
[58] http://de.selfhtml.org/intro/technologien/activex.htm, Stand 27.01.2009.

seit 1998 mehr und mehr dynamische Inhalte in bestehende und neue Webseiten integriert. Die Größe, Anzahl und Komplexität von Webseiten ist damit in den vergangenen Jahren exponentiell angestiegen. Mit diesem Anstieg sind allerdings auch die Probleme, welche mit der herkömmlichen Verwaltung und Gestaltung von Webseiten verbunden waren, angestiegen. Wie oben zu sehen, müssen Webdesigner in der Regel verschiedene Techniken, wie z.B. PHP, Java, Flash usw. anwenden, um eine ansprechende, aktuelle und dynamische Webseite entwerfen zu können. Auch aufgrund der Tatsache, dass sich Webseiten in den letzten Jahren zu komplexen Web-Anwendungen entwickelt haben, macht es den Zuständigen nicht leicht, die Seite immer auf dem aktuellen Stand zu halten. Aber gerade, dass ist es, was der Internetnutzer von den Unternehmen und Betreibern der Webseiten erwartet, aktuelle Informationen, die zu dem noch ansprechend und übersichtlich präsentiert werden. Dazu kommt noch, dass die für die Aktualisierung der Webseiten zuständigen Personen eine solche Fülle an Informationen verwalten müssen, sie diese zum Teil gar nicht bewerten bzw. beurteilen können, und diese dann entweder falsch oder zu einem falschen Zeitpunkt veröffentlicht werden.[59] Gerade Webseiten, bei denen der Anspruch auf die Aktualität der Inhalte sehr hoch ist, können heutzutage nicht mehr mit den herkömmlichen Techniken auf dem neusten Stand gehalten werden. Gerade für solche Webseiten haben sich in den letzen Jahren verschiedene Systeme entwickelt, um diese Menge an Informationen schnell bearbeiten zu können. Unter dem Begriff Content Management System, oder kurz CMS, stehen mittlerweile über 400 Programme zur Verfügung, mit deren Hilfe Webseiten einfach und schnell auf dem aktuellsten Stand gehalten werden können. Mit Hilfe eines CMS kann dabei die Verwaltung der Inhalte auf mehrere Redakteure verteilt werden. Deren Arbeit wird mittels verschiedener Zugriffsrechte vom Administrator überwacht, welcher auch die technische Betreuung des Systems übernimmt. Der Grundgedanke, welcher hinter allen Content Management Systemen steht, ist die klare Trennung von Inhalt und Darstellung (Layout und Struktur). Die Inhalte werden dabei in einer Datenbank abgespeichert, die von den Redakteuren aktualisiert werden kann. Das Layout und der Aufbau der Seite stehen zentral zur Verfügung und sind für alle Unterseiten der Webseite im Sinne der Corporate Identity vorgegeben. Die Redakteure sind dann nur noch für die inhaltliche Aktualisierung der ihnen zugeteilten Teile der Webseite zuständig. Bei den meisten CMS stehen einige Layoutvorlagen zur

---

[59] Büchner, Traub, Zahradka, Zschau, Web Content Management, S. 9 ff.

Verfügung, aber auch eigene Layouts können realisiert werden. Die meisten Content Management Systeme sind über einen normalen Webbrowser erreichbar, in dem die Änderungen und Aktualisierungen der Seite vorgenommen werden können. Solche Systeme werden unter dem Begriff Web Content Management System, oder kurz WCMS zusammengefasst.[60]

Dieses Thema wurde hier kurz angesprochen, da sich teilweise unterschiedliche rechtliche Ansprüche ergeben können, je nachdem, ob ein CMS/WCMS eingesetzt wurde oder nicht. Eine über ein CMS/WCMS erstellte Webseite, kann keinen urheberrechtlichen Schutz vor Nachahmung z.b. als Werk der bildenden Kunst genießen. Da diese Webseite und besonders ihr Layout automatisch erstellt werden, wird regelmäßig die benötigte Schöpfungshöhe durch den Webdesigner fehlen. Die zugrunde liegenden Layout-Vorlagen für sich könnten jedoch anderweitig geschützt sein.[61] Was die reinen redaktionellen Textbestandteile der Seite angeht, wird sich in Bezug auf die Schutzvoraussetzungen kein Unterschied zu den Texten herkömmlich erstellter Webseiten feststellen lassen. Ähnliches gilt wohl auch für Lichtbildwerke, Laufbilder usw.

2.3 Metatags

Unter dem Begriff Metatag ist keine Programmiersprache oder Technologie zu verstehen, mit deren Hilfe eine Webseite oder ein Element einer Webseite, wie z.B. eine Animation oder ähnliches erstellt werden kann. Bisher wurden lediglich Programmiersprachen, Technologien und Systeme vorgestellt, die dem Webdesigner als Werkzeug dienen, um seine Arbeit verrichten zu können. Metatags jedoch sind auch ein Werkzeug, welches gerne von Webdesignern eingesetzt wird. Was unter diesem Begriff genau zu verstehen ist und wie Metatags mit dem urheberrechtlichen Schutz von Webseiten in Verbindung zu bringen sind, soll in diesem Abschnitt geklärt werden.

Metatags sind kurze Programmteile bzw. Abschnitte einer Webseite, die Informationen über diese enthalten. Sie werden in den Head-Bereich des HTML-Quelltextes der Webseite integriert. Der Inhalt dieses Bereichs wird vom Webbrowser nicht angezeigt,

---
[60] Stöckl, A., Bongers, F., Einstieg in TYPO 3, S. 19 ff.
[61] Die Untersuchungen hierzu sind allerdings nicht Teil dieses Buches.

er enthält lediglich Definitionen und Anweisungen für Suchmaschinen und den Browser selbst. Die Suchmaschinenroboter durchsuchen u.a. dabei diesen Head-Bereich und können anhand der darin enthaltenen Metatags die Webseite identifizieren und einordnen. Metatags können dabei Informationen zur Sprache der Webseite, Suchwörter mit denen die Webseite gefunden werden soll, Beschreibungen der Seite, Informationen zum Autor, uvm. enthalten. Aber auch der Kopierschutz von auf der Webseite angezeigten Bildern kann mittels Metatags realisiert werden. Am häufigsten finden Metatags jedoch heute immer noch Anwendung bei der Optimierung der Webseite für Suchmaschinen. Gut durchdachte und aktuelle Metatags können dafür sorgen, dass eine Webseite ganz oben in den Ergebnislisten der Suchmaschinen landet.[62] Eben diese Tatsache, sollte eigentlich von jedem Webseiten-Betreiber gewollt sein und gerade für Seiten die z.B. aus vielen Java- und Flash-Elementen bestehen, empfiehlt sich der Einsatz von Metatags. Die Suchmaschinenroboter können nämlich nur die Textelemente der Webseiten registrieren und durchsuchen, weshalb eine auf einer Flashanimation basierende Seite für Suchmaschinen wenige bis gar keine Information bereithält, sprich keine Chance hat in einem Suchergebnis weit oben platziert zu werden.[63]

Aber auch in Hinblick auf den urheberechtlichen Schutz von Webseiten bilden Metatags ein probates Mittel, um die benötigte Gestaltungshöhe zu erreichen und einer Webseite urheberrechtlichen Schutz zu gewähren. Ein Urteil des OLG Rostock vom 27. Juni 2007 (AZ.: 2W 12/07) soll dies an dieser Stelle belegen:

Der Kläger in dieser Sache, ein Webdesigner, welcher im Auftrag der Beklagten eine Webseite erstellt hatte, wollte auf dieser als Urheber namentlich genannt werden und berief sich dabei auf das aus § 13 UrhG ihm als Urheber zustehende Recht auf Anerkennung der Urheberschaft.

Dieses Recht steht ihm allerdings nur zu, sollte die von ihm erstellte Webseite überhaupt Urheberschutz erhalten. Das Gericht lehnte einen Schutz als Computerprogramm im Sinne des § 69 a UrhG ab, da rein auf HTML basierende Webseiten regelmäßig nicht einem Schutz als Computerprogramm unterliegen.[64]

---

[62] http://www.suchmaschinen-online.de/optimierung/meta.htm, Stand 29.01.2009.
[63] http://www.sitesubmission.de/metatag.htm, Stand 29.01.2009.
[64] Mehr zu diesem Thema: siehe OLG Frankfurt/M. v.22.03.2005 - 11 U 64/04 = MMR 2005, 705.

Hinzu kam noch, dass zum Erstellen der Webseite ein Programm verwendet wurde, mit dessen Hilfe es möglich war die Webseite über die grafische Benutzeroberfläche zu erstellen und den HTML-Quelltext automatisch generieren zu lassen. Allein aus diesem Grund muss die Frage nach der eigenen geistigen Schöpfung des Webdesigners, welche Voraussetzung für § 69 a UrhG ist, verneint werden. Ein Schutz als Computerprogramm konnte also nicht gewährt werden.

Auch ein Schutz als Werk der angewandten Kunst nach § 2 Abs. 1 Nr. 4 UrhG und als Multimediawerk nach § 2 Abs. 1 Nr. 6 UrhG wurde nicht gewährt.

Dem Kläger wurde allerdings letztendlich doch Recht zu gesprochen, denn die Tatsache, dass er bei der Gestaltung der Webseite Metatags verwendete, welche die Seite des Beklagten in den Suchergebnissen der Suchmaschine Google lange Zeit auf Platz 1 landen ließen, stellten für das Gericht eine persönliche geistige Schöpfung dar. Das Gericht war der Ansicht, die Tatsache, mit Metatags zu arbeiten und die richtigen Suchbegriffe aus der Alltagssprache auszuwählen, um die Seite für Suchmaschinen attraktiver zu gestalten, ginge über die normale Arbeit eines Webdesigners hinaus und erreiche die hinreichende Gestaltungshöhe. Der Webseite des Klägers wurde also aus §2 Abs. 1 Nr. 1 UrhG urheberrechtlicher Schutz als Sprachwerk zugesprochen, weshalb ihm auch aus § 13 UrhG das Recht zur Anerkennung der Urheberschaft zusteht.[65]

Dieses Urteil zeigt, dass die Verwendung von Metatags erst den urheberrechtlichen Schutz einer Webseite begründen kann und kräftigt die Bedeutung dieses Werkzeugs für einen Webdesigner. In den folgenden Kapiteln wird der in den Kapiteln 2.2 und 2.3 bereits angeschnittene urheberrechtliche aber auch marken-, geschmacksmuster- und wettbewerbsrechtliche Schutz von Webseiten noch genauer betrachtet werden.

---

[65] OLG Rostock v. 27.06.2007, 2W 12/07 = GRUR-RR 2008, 1.

3 Immaterialgüterrecht

3.1 Einführung in das Immaterialgüterrecht

Das vorliegende Kapitel leitet den Leser in das Rechtsgebiet des Immaterialgüterrechts ein, um so die folgende Aufteilung des Buches verständlich zu machen. Die Einordnung und Aufgabe des Wettbewerbsrechts in diesem Themengebiet wird durch diesen Abschnitt ebenfalls verdeutlicht.

Der Begriff Immaterialgüterrecht ist als Synonym für geistiges Eigentum oder auch intellectual property in der angelsächsischen Rechtssprache weit verbreitet. Er fasst als Oberbegriff den gewerblichen Rechtsschutz und das Urheberrecht zusammen. Zum gewerblichen Rechtsschutz oder auch industrial property zählen alle Rechte, die den Schutz des geistigen Schaffens auf gewerblichem Gebiet zur Aufgabe haben. Dazu gehören das Patent-, Gebrauchsmuster-, Geschmacksmuster-, Marken- und Wettbewerbsrecht i.e.S. Wettbewerbsrecht i.e.S. bedeutet hier das Gesetz gegen unlauteren Wettbewerb (UWG) oder auch Lauterkeitsrecht. Die Aufgabe dieses Gesetzes und der Grund für die Aufteilung in ein eigenes Kapitel wird weiter unten in diesem Abschnitt verdeutlicht werden.[66] Während im gewerblichen Rechtsschutz die geistige gewerbliche Leistung im Mittelpunkt steht, wird durch das Urhebergesetz die geistige Schöpfung geschützt. Das Urheberrecht ist dabei also im kulturellen Bereich zuständig, während der gewerbliche Rechtsschutz für den gewerblichen Bereich zuständig ist. Gemeinsam ist beiden, dass der Schutzgegenstand auf geistigem Gebiet liegt und beide zu den Sonderprivatrechten gehören, sie also Spezialnormen, lex speciales, darstellen. Im Verhältnis zu den allgemeinen Normen des BGB, den leges generales, besitzen lex speciales Vorrang, weshalb dem lex generalis nur ein lückenfüllender Charakter zukommt. Allerdings gibt es auch analog zum Arbeits- oder Handelsrecht im gewerblichen Rechtsschutz und auch Urheberrecht Gebiete, die zum öffentlichen Recht zu zählen sind. Beispielhaft genannt sei hier die Strafbarkeit bei vorsätzlicher Verletzung eines gewerblichen Schutzrechts oder Urheberrechts.

---

[66] Götting, H.-P., Gewerblicher Rechtsschutz, S. 1ff.

Alle unter dem Begriff Immaterialgüterrecht zusammengefassten Rechte sind subjektive, private und ausschließliche Rechte an immateriellen Gegenständen.[67] Es sind absolute Verwertungsrechte, die es den Inhabern erlauben für eine festgelegte Zeit (Ausnahme: Markengesetz) das geschützte Immaterialgut alleine zu verwerten und unberechtigten Dritten dessen Verwertung zu verbieten. Aufgrund dieser alleinigen Verwertungsrechte könnte deren Inhaber als Monopolist auf dem Markt angesehen werden und seine Vormachtstellung seinen Konkurrenten gegenüber versuchen auszuspielen. Sie stehen also im Interessenskonflikt mit dem Wettbewerbsrecht, weshalb dieses auch i.e.s. zum Immaterialgüterrecht und insbesondere zum gewerblichen Rechtsschutz gezählt wird.[68] Das Gesetz gegen den unlauteren Wettbewerb schafft allerdings keine subjektiven Rechte und ist gegenüber den anderen immaterialgüterrechtlichen Gesetzen subsidiär. Mit Hilfe des UWG können Lücken im System des Immaterialgüterrechts geschlossen werden. So kann das UWG, z.B. im Fall einer Webseite, sollte der urheberrechtliche Schutz versagen, einen ergänzenden Leistungsschutz nach §§ 3, 4 Nr. 9 UWG gewähren. Näheres hierzu wird in Kapitel 5 mit dem Titel Wettbewerbsrecht behandelt werden. Des Weiteren ist Ohly der Meinung, dass die durch das Immaterialgüterrecht gegebenen Ausschließlichkeitsrechte gerade den Anreiz zur Innovation schaffen und nicht als wirtschaftliches Monopol i.s. des Kartellrechts anzusehen sind. Das Kartellrecht beschränkt in diesem Zusammenhang lediglich den Missbrauch durch diese Ausschließlichkeitsrechte.[69] Mit den Immaterialgüterrechten ist jedoch ein weiteres, schwerwiegenderes Problem verbunden. Die Wirkung dieser Rechte ist auf das Gebiet des jeweiligen Staates beschränkt. Diese Tatsache wird auch Territorialitätsprinzip genannt. Um diesem Problem entgegenzuwirken wurden bereits früh einige völkerrechtliche Verträge geschlossen, die hier lediglich aufgezählt werden sollen:

---

[67] Eisenmann, H., Jautz, U., Grundriss gewerblicher Rechtsschutz und Urheberrecht, S.1 ff.
[68] Ilzhöfer, V., Patent-, Marken- und Urheberrecht, S. 3 f.
[69] Vgl. Ohly, A., Vorlesungsskript zum Immaterialgüterrecht I, S. 4 ff, Ohly, A., Designschutz im Spannungsfeld von Geschmacksmuster-, Kennzeichen- und Lauterkeitsrecht, GRUR 2007 Heft 9, S. 731 ff.

- **Pariser Verbandsübereinkunft** (PVÜ) aus dem Jahr 1883: gewerblicher Rechtsschutz
- **Revidierte Berner Übereinkunft** (rBÜ) aus dem Jahr 1886: Urheberrecht
- **Madrider Markenabkommen** (MMA) aus dem Jahr 1891: Markenrecht
- **Patentzusammenarbeitsvertrag** (Patent Cooperation Treaty, PCT) aus dem Jahr 1970: Patentrecht
- **Agreement on Trade-Related Aspects of Intellectual Property Rights** (TRIPS) aus dem Jahr 1994: geistiges Eigentum
- **Europäische Patentübereinkommen** (EPÜ) aus dem Jahr 1973: Patentrecht
- **Gemeinschaftspatentübereinkommen** (GPÜ) aus dem Jahr 1975: Patentrecht
- **Gemeinschaftsmarkenverordnung** (GMV) aus dem Jahr 1993: Markenrecht
- **Gemeinschaftsgeschmacksmusterverordnung** aus dem Jahr 2002: Designrecht[70]

Es lässt sich also feststellen, dass das Immaterialgüterrecht ein geistiges Gut, keinen körperlichen Gegenstand schützt, weshalb es kein Eigentumsrecht an der Sache gewährt, die es verkörpert. Gleiches gilt auch umgekehrt, ein Eigentumsrecht an einer Sache, einem körperlichen Gut, gewährt nicht zwingend ein Immaterialgüterrecht. Die für die jeweiligen Gesetze leicht abweichenden Voraussetzungen und Eigenschaften, die das Grundgerüst für die rechtliche Untersuchung darstellen, werden in den jeweiligen folgenden Kapiteln einleitend behandelt. Abbildung 1 zeigt abschließend den in diesem Abschnitt erläuterten Zusammenhang zwischen Immaterialgüter-, Wettbewerbs-, Urheberrecht und dem gewerblichen Rechtsschutz.

---

[70] Eisenmann, H., Jautz, U., Grundriss gewerblicher Rechtsschutz und Urheberrecht, S.268 ff.

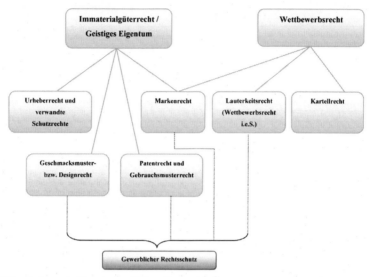

Abbildung 1: Zusammenhänge der verschiedenen Rechtsgebiete[71]

3.2 Das Urheberrecht

3.2.1 Allgemeines

Das in Deutschland aktuell gültige Urheberrecht beruht auf dem Urheberrechtsgesetz aus dem Jahr 1965. Allein diese Tatsache zeigt, dass diese Urversion des Urheberrechts sich nicht auf das sehr aktuelle Thema Internet beziehen kann. Aus diesem Grund wurde in den Jahren nach 1965 versucht mit einigen Reformen und Bestimmungen das deutsche Urheberrecht an die Gegebenheiten der jeweiligen Zeit anzupassen. In Bezug auf das Thema Internet bedeutete dies, dass durch internationale Abkommen die Wirkung des deutschen Urheberrechts auch über Landesgrenzen hinaus erweitert werden sollte. Wie bereits im vorigen Abschnitt erläutert, ist die Wirkung des Urheberrechts, ebenso wie die Wirkung der anderen zum Immaterialgüterrecht zählenden Rechte, auf das Gebiet des jeweiligen Staates beschränkt. Das deutsche Urheberrecht hat also lediglich territoriale Wirkung.

---

[71] Ohly, A., Vorlesungsskript zum Immaterialgüterrecht I, S. 1.

Einige der angesprochenen internationalen Abkommen sollen hier nunmehr lediglich kurz erläutert werden. Durch die beiden im Jahr 1996 im Rahmen der WIPO ausgehandelten völkerrechtlichen Verträge World Copyright Treaty (WCT) und World Performers and Producers Rights Treaty (WPPT) sollen ein weit verbreitetes Vervielfältigungsrecht und das „right of making available to the public" erreicht werden. In Kraft getreten sind beide Verträge im Jahr 2002. In der EU wurden sie einheitlich durch die am 22.06.2001 in Kraft getretene Richtlinie 2001/29/EG zum Urheberrecht in der Informationsgesellschaft umgesetzt. In Deutschland erfolgte die Umsetzung dieser Richtlinie am 13.09.2003. Es gab jedoch noch einige offene Fragen (auch bezüglich des Internets[72]), weshalb sich von Herbst 2003 bis Juni 2004 elf Arbeitsgruppen unter Leitung des BMJ mit der Bearbeitung und Umsetzung dieser Fragen im sogenannten Zweiten Korb beschäftigten. Das Gesetz zur Urheberrechtsreform „Zweiter Korb" wurde am 05.07.2007 vom Bundestag verabschiedet und ist am 01.01.2008 in Kraft getreten.[73] Das wichtigste internationale Abkommen in Bezug auf das Urheberrecht ist die revidierte Berner Übereinkunft (rBÜ). Ein Grundsatz der rBÜ, der fast alle Staaten beigetreten sind, ist das Prinzip der Inländerbehandlung. Dieses Prinzip besagt, dass jeder Angehörige eines Verbandsstaates in anderen Verbandsstaaten wie ein dortiger Inländer zu behandeln ist. Des Weiteren enthält die rBÜ eine Regelung, die vorschreibt, dass zur Entstehung und Geltendmachung eines Urheberrechts keine Formvorschriften und Förmlichkeiten verlangt werden dürfen. Und eben in dieser Tatsache liegt auch einer der großen Unterschiede des Urheberrechts zu den anderen immaterialgüterrechtlichen Gesetzen.[74] Ergänzt wurde die revidierte Berner Übereinkunft durch den bereits angesprochenen World Copyright Treaty, welcher erstmals Regelungen über den Schutz von Computerprogrammen, Datenbanken, sowie den elektronischen Vervielfältigungs- und Verbreitungsrechten enthielt.[75] Das Übereinkommen über handelsbezogene Aspekte der Rechte des geistigen Eigentums, das Agreement on Trade-Related Aspects of Intellectual Property Rights (TRIPS) aus dem Jahr 1994 enthielt dahingegen internationale Mindeststandards für den gesamten Bereich des geistigen Eigentums, also auch das Urheberrecht.[76]

---

[72] http://www.urheberrecht.org/topic/Korb-2/bmj/707.pdf, Stand 04.02.2009.
[73] Hoeren, T., Internetrecht, S. 103 ff.
[74] Ilzhöfer, V., Patent-, Marken- und Urheberrecht, S. 185.
[75] Rademacher, N., Urheberrecht und gewerblicher Rechtsschutz im Internet, S. 34.
[76] Eisenmann, H., Jautz, U., Grundriss gewerblicher Rechtsschutz und Urheberrecht, S. 279 f.

Das deutsche Urheberrecht ist, wie bereits erwähnt, den Sonderprivatrechten zu zuordnen. Als Ausschließlichkeitsrecht, also absolutes Recht, bezieht es sich lediglich auf den kulturellen Bereich. Das Urheberrecht kann grob in zwei Bestandteile aufgespalten werden. Zum einen gewährt es den Urhebern der zu schützenden Werke umfassende Verwertungsrechte, welche in den Paragraphen §§ 15 – 24 UrhG zu finden sind. Des Weiteren gewährt es den Urhebern umfassende Urheberpersönlichkeitsrechte, die über die Paragraphen §§ 12 – 14 UrhG geregelt werden. Diese Rechte schützen den Urheber in seinen geistigen und persönlichen Beziehungen zum Werk. Die Verwertungsrechte regeln dementsprechend die Nutzung des Werkes und beziehen sich auf die vermögensrechtlichen und materiellen Interessen des Urhebers.[77] Im Gegensatz zu den anderen in diesem Buch behandelten Gesetzen ist zur Entstehung des Urheberrechts kein Verfahren notwendig. Das Recht an einem Werk entsteht mit dessen Schaffung. Voraussetzung dafür ist lediglich, dass das jeweilige Werk nach § 2 Abs. 2 UrhG eine geistige persönliche Schöpfung darstellt und jedem sinnlich wahrnehmbar geworden ist, es also nicht nur eine Idee im Kopf des Urhebers darstellt.[78] Die Idee, die einem Werk zugrunde liegt, kann über das Urheberrecht nicht geschützt werden. Lediglich die Form, sprich die Art und Weise seiner Zusammenstellung und Präsentation (Erscheinungsform), ist geschützt.[79] Das Werk muss eine gewisse Schöpfungshöhe erreichen, um urheberrechtlichen Schutz beanspruchen zu können. Inwiefern diese Schöpfungshöhe von Webseiten oder Teilen von Webseiten erreicht wird, wird in den nächsten Abschnitten geklärt werden. Über das Urhebergesetz geschützt sind nach §§ 1, 2 UrhG alle Werke aus dem Bereich der Literatur, Wissenschaft und Kunst. Die in § 2 UrhG aufgezählten Werkarten sind nicht abschließend und sollen hier nur kurz aufgezählt werden:

---

[77] Eisenmann, H., Jautz, U., Grundriss gewerblicher Rechtsschutz und Urheberrecht, S. 8 ff.
[78] Ilzhöfer, V., Patent-, Marken- und Urheberrecht, S. 183 ff.
[79] Hoeren, T., Internetrecht, S. 111.

- Sprachwerke, wie z.b. Schriftwerke, Reden und Computerprogramme
- Werke der Musik
- Pantomimische Werke einschließlich der Werke der Tanzkunst
- Werke der bildenden Kunst, Werke der angewandten Kunst und Baukunst, sowie Entwürfe solcher Werke
- Lichtbildwerke
- Filmwerke
- Darstellungen wissenschaftlicher oder technischer Art, wie z.b. Konstruktionszeichnungen

Rechtsinhaber ist nach §§ 7, 8 UrhG der Schöpfer des Werkes bzw. bei mehreren Urhebern, alle Miturheber. Urheber können jedoch nur natürliche Personen werden. Die Schutzdauer beträgt laut §§ 64, 65 UrhG 70 Jahre post mortem auctoris, sprich 70 Jahre nach dem Tod des am längsten lebenden Urhebers des Werkes. Laut § 28 UrhG kann der Urheber bei seinem Tod das Urheberrecht an seinem Werk vererben, jedoch zu Lebzeiten nicht veräußern. Wie bereits erwähnt, gewährt das Urhebergesetz dem Urheber gewisse Persönlichkeitsrechte, zu denen ein Veröffentlichungsrecht (§ 12 UrhG), ein Recht auf Anerkennung der Urheberschaft (§ 13 UrhG) und ein Recht zum Verbot der Entstellung des Werkes gehören (§ 14 UrhG). Des Weiteren stehen dem Urheber Verwertungsrechte zu, von denen hier die wichtigsten aufgezählt werden:
- Vervielfältigungsrecht (§ 16 UrhG)
- Verbreitungsrecht (§ 17 UrhG)
- Ausstellungsrecht (§ 18 UrhG)
- Vortrags-, Aufführungs-, und Vorführungsrecht (§ 19 UrhG)
- Recht der öffentlichen Zugänglichmachung (§ 19 UrhG)
- ...

Auch das Recht zur Bearbeitung (§ 23 UrhG) steht lediglich dem Urheber zu und zählt zu den sonstigen Rechten des Urhebers.[80]

---

[80] Ilzhöfer, V., Patent-, Marken- und Urheberrecht, S. 183 ff.

Eigentlich nicht direkt zum Urhebergesetz gehörig, werden im Urhebergesetz auch die so genannten Leistungsschutzrechte behandelt. Darunter fällt der Schutz von geistigen oder künstlerischen Leistungen oder Investitionen in der Kulturwissenschaft. Wie der Name schon sagt, werden durch diese, auch verwandte Schutzrechte genannten Rechte, nach §§ 70-95 UrhG die Leistungen geschützt. Die über diese Paragraphen gewährten Schutzrechte bieten den Inhabern einen einem Urheber entsprechenden Schutz ihrer Leistungen bzw. Investitionen. Zu den einzelnen Leistungsschutzrechten gehören:

- Schutz wissenschaftlicher Ausgaben (§ 70 UrhG)
- Schutz der Lichtbilder (§ 72 UrhG)
- Schutz des ausübenden Künstlers (§§ 73-83 UrhG)
- Schutz des Herstellers von Tonträgern (§§ 84, 85 UrhG)
- Schutz des Sendeunternehmens (§ 87 UrhG)
- Schutz des Datenbankherstellers (§§ 87a-87e UrhG)
- Besondere Bestimmungen über Filme (§ 88-94 UrhG)
- Laufbilder (§ 95 UrhG)[81]

Bei Verletzungen der durch das Urheberrecht gewährten Rechte drohen Unterlassungs-, Schadensersatz-, Überlassungs- und Vernichtungsansprüche aus §§ 97-99 UrhG. Welche der hier angesprochenen Leistungsschutzrechte und Urheberrechte auf Webseiten und deren einzelne Elemente Anwendung finden, und welche Eigenschaften sie für einen Schutz aufweisen müssen, wird in den nunmehr folgenden Abschnitten untersucht. Besonders interessant wird dabei sein, inwiefern Webseiten bzw. die einzelnen Bestandteile einer Webseite die Voraussetzung der persönlichen geistigen Schöpfung durch den Urheber, in diesem Fall meistens den Webdesigner, erfüllen werden.

3.2.2 Die einzelnen Elemente einer Webseite und deren Schutz

In diesem Abschnitt wird nicht nur die Schutzfähigkeit eines kompletten Webauftritts durch das Urheberrecht untersucht. Auch einzelne Fotos oder Animationen könnten theoretisch für sich alleine urheberrechtlich geschützt sein und dem Betreiber bzw. Ersteller der Seite zumindest für diese speziellen Elemente einen Schutz vor Nachahmung bieten. In der Praxis werden selten ganze Webauftritte 1:1 kopiert. Oft bedienen sich die Webdesigner nur einzelner Grafiken oder Fotos oder lassen sich von

---

[81] Ilzhöfer, V., Patent-, Marken- und Urheberrecht, S. 225 ff.

dem Aufbau der Seite inspirieren. Aber auch Textpassagen oder die Farbgestaltung der Seite könnten theoretisch kopiert werden. All diese Gefahren, vor denen sich gerade Unternehmen, aber auch private Webseiten-Betreiber und –Ersteller schützen müssen und wollen, werden im Folgenden näher betrachtet. Dabei werden zunächst die einzelnen Elemente und deren Schutzfähigkeit behandelt, bevor die Webseite in ihrer Gesamtheit auf einen möglichen urheberrechtlichen Schutz untersucht wird.

3.2.2.1 Stehende Bilder

Zu den hier als stehende Bilder bezeichneten Elementen einer Webseite gehören zunächst einmal alle Fotos und Grafiken, die auf einer Webseite abgebildet sein können. Aber auch techn. Darstellungen, wie z.B. Baupläne oder Landkarten, werden hier zu den stehenden Bildern gezählt. Für diese Elemente können verschiedene Paragraphen des Urhebergesetzes einen rechtlichen Schutz begründen. Allerdings sind an sie jeweils besondere Voraussetzungen geknüpft, welche nunmehr erläutert werden.

Fotografien sind in der Regel als Lichtbildwerke gemäß § 2 Abs. 1 Nr. 5 UrhG schutzfähig. Voraussetzung für einen Schutz als Lichtbildwerk ist allerdings der Einsatz von fotografischer Technik zu deren Erstellung.[82] Gemeint ist damit, dass sie mit Hilfe von strahlender Energie, wie dies z.B. bei der Sonne der Fall ist, erzeugt wurden.[83] Lichtbildwerke sind eine der unter § 2 Abs. 1 UrhG aufgezählten Werkarten und müssen bestimmte Voraussetzungen erfüllen, um schutzfähig zu sein. Anders als bei den übrigen Werkarten werden hier nur geringe Anforderungen an die aus § 2 Abs. 2 UrhG begründete schöpferische Leistung gestellt. Aus diesem Grund zählen auch Fotografien, die aufgrund der niedrigen schöpferischen Leistung zu den Werken der „kleinen Münze" gezählt werden, als schutzfähig im Sinne des § 2 Abs. 1 Nr. 5 UrhG. Lediglich Fotografien, die ohne jegliche gestalterische Überlegung entstanden sind, sprich einfach nur „geknipst" wurden, werden von diesem Schutz ausgeschlossen. Werke, die ähnlich wie Lichtbildwerke entstanden sind, sind ebenfalls über § 2 Abs. 1 Nr. 5 UrhG schutzfähig. Darunter fallen z.B. auch Bildausschnitte aus Filmen, da diese ja unter Einsatz von Licht erstellt wurden. Auch digitale Bearbeitungen der

---

[82] Siebert, S., Die rechtssichere Webseite, S. 52.
[83] Ilzhöfer, V., Patent-, Marken- und Urheberrecht, S. 194.

Lichtbildwerke sind zulässig.[84] Sollte der Webdesigner bei der Gestaltung der Seite Fotos oder Bildausschnitte aus Filmen verwenden, sollte er sich auf jeden Fall die Erlaubnis und damit die Lizenz an diesen Werken vom Urheber der Werke einholen. Dies gilt sowohl für einfach aus dem Internet kopierte Fotos, als auch über andere Wege erhaltene Werke. Ratsam ist in diesem Zusammenhang der Kauf einer Lizenz über spezielle professionelle Bildersammlungen im Internet, da dadurch die Rechte an und der Gebrauch des Werks eindeutig geregelt werden.[85] Sollte es trotzdem zu einer Abmahnung kommen, kann dann leicht Beweis geführt werden, dass die benötigte Lizenz, um das entsprechende Foto auf der Webseite zu verwenden, ordnungsgemäß erworben wurde. Werden allerdings Fotografien verwendet, auf denen Personen abgebildet sind, so sollte der Webdesigner, auch wenn er der Urheber des Fotos ist, beachten, dass nach § 22 KunstUrhG jedem das Recht am eigenen Bild zusteht. Geregelt wird damit, dass Fotos von Personen nicht ohne deren Einwilligung veröffentlicht werden dürfen.[86] Gerade im Internet wird dieses Recht oft verletzt, was zwei Urteile des Landgerichts München I belegen.[87] In beiden Streitfällen wurden Bilder von Personen ohne deren Einwilligung im Internet veröffentlicht. Das Gericht urteilte dabei jeweils, dass diese Veröffentlichung ohne Einwilligung rechtswidrig und zu unterlassen sei. Jedoch gibt es auch hier Ausnahmen. § 23 KunstUrhG regelt demnach die Ausnahmefälle, bei denen Fotos auch ohne Einwilligung der abgebildeten Personen veröffentlicht werden dürfen. Zu diesen Ausnahmen zählen u.a. Bildnisse aus dem Bereich der Zeitgeschichte, Bildnisse, auf denen die Personen nur als Beiwerk z.B. neben einer Landschaft vorkommen oder auch Bilder von Versammlungen an denen die abgebildete Person teilgenommen hat.[88]

Mit Hilfe von § 2 Abs. 1 Nr. 5 UrhG können, wie gezeigt wurde, fast alle Fotografien geschützt werden. Jedoch kann es vorkommen, dass ein Foto die, wenn auch sehr niedrig angesetzte, Schöpfungshöhe nicht erreicht. Diese Fotografien sind allerdings nicht frei benutzbar, auch sie können einem urheberrechtlichen Schutz unterliegen. Die oben angesprochenen Leistungsschutzrechte regeln in § 72 UrhG den Schutz der Lichtbilder. Auch für diesen Schutz wird allerdings vorausgesetzt, dass das Bild unter

---

[84] Leupold, A., Glossner, S., Münchner Anwalts Handbuch IT-Recht, Rn. 135- 136.
[85] Siebert, S., Die rechtssichere Webseite, S. 52.
[86] Siebert, S., Die rechtssichere Webseite, S. 52.
[87] LG München I v. 20.05.1998, 7 O 8969/98 und LG München I v. 07.10.1998, 7 O 17914/98.
[88] Siebert, S., Die rechtssichere Webseite, S. 52.

Einsatz von strahlender Energie, analog zum Lichtbildwerk, entstanden ist.[89] Lichtbilder unterscheiden sich allerdings von Lichtbildwerken hinsichtlich ihrer Schutzdauer. Während Lichtbildwerke als Werkart des § 2 Abs.1 UrhG eine Schutzdauer von 70 Jahren post mortem auctoris besitzen (vgl. dazu Kapitel 3.2.1), läuft der Schutz der Lichtbilder bereits 50 Jahre nach Veröffentlichung bzw. Herstellung des Bildes ab.[90] Gerade auf Webseiten werden Fotografien allerdings nicht 1:1, wie der Fotograf sie erstellt hat, verwendet. Oft werden nur Ausschnitte in eine Webseite integriert oder aber das Foto wird mit Hilfe von Bildbearbeitungssoftware am Computer nachbearbeitet bzw. verfremdet. Eine Digitalisierung eines Fotos und auch eine leichte Nachbearbeitung bzw. Entfremdung ist dabei zulässig und kann vorgenommen werden, ohne dass der Schutz nach § 72 UrhG versagt. Sollte es allerdings zu einer starken Nachbearbeitung bzw. sogar so starken Verfremdung des Originalfotos am Computer kommen, dass das Original nicht mehr erkennbar ist, liegt kein Lichtbild mehr im Sinne des § 72 UrhG vor. Als zulässige Nachbearbeitung wäre z.b. eine Veränderung des Kontrastes oder ein Beschneiden des Fotos denkbar.[91]

Alle durch Nachbearbeitung und Verfremdung einer Fotografie oder komplett am Computer mit Hilfe einer Software entstandenen Grafiken/Bilder können als Werk der bildenden Kunst gemäß § 2 Abs. 1 Nr. 4 UrhG schutzfähig sein. Grafiken, die am Computer mit Hilfe einer Software entstanden sind, fehlt dabei sowieso die Grundvoraussetzung für Lichtbilder und auch Lichtbildwerke, da sie nicht unter Einsatz fotografischer Technik entstanden sind. Um jedoch als Werke der bildenden Künste nach § 2 Abs. 1 Nr. 4 UrhG geschützt zu sein, müssen die entsprechenden Bildelemente als Kunstwerk im Sinne der angesprochenen Vorschrift angesehen werden. Auch die Tatsache, dass die Bilder am Computer entstanden sind bzw. bearbeitet wurden und dann im Internet veröffentlicht werden, soll nicht daran hindern, dass sie als Werk der bildenden Kunst Schutz erhalten. Die im Urhebergesetz vorgeschriebene Verkörperung kann hier bereits durch das Ausdrucken der Bilder erfüllt werden. Damit auf Webseiten abgebildete Grafiken oder bearbeitete Fotos als Werke der bildenden Künste schutzfähig sind, werden allerdings hohe Anforderungen an die geistige-persönliche

---

[89] Heutz, S., Freiwild Internetdesign? - Urheber- und geschmacksmusterrechtlicher Schutz der Gestaltung von Internetseiten, MMR 2005 Heft 9, S. 567.
[90] Siebert, S., Die rechtssichere Webseite, S. 52.
[91] http://www.selbst-und-staendig.de/50226711/im_rechtlichen_dschungel_beim_klau_von_websites_part_2.php, Stand 10.02.2009.

Schöpfung gemäß § 2 Abs. 2 UrhG gestellt.[92] Nach der Rechtsprechung ist ein Kunstwerk eine Schöpfung individueller Prägung, deren ästhetischer Gehalt einen solchen Grad erreicht, dass nach der im Leben herrschenden Anschauung noch von Kunst gesprochen werden kann.[93] Aus diesem Grund stellt die Rechtsprechung im Allgemeinen recht hohe Anforderungen an die Gestaltungshöhe der zu schützenden Werke. Gerade im Falle der Werke der bildenden Künste und besonders der auch unter § 2 Abs. 1 Nr. 4 UrhG gehörigen Werke der angewandten Kunst ist diese Schöpfungshöhe aufgrund eines möglichen Schutzes durch das Geschmacksmustergesetz sehr hoch angesetzt. Mit Hilfe des Geschmacksmustergesetzes kann, wie weiter unten zu sehen sein wird, auch ein Schutz für Werke, die eine niedrigere Schöpfungshöhe aufweisen, erreicht werden. Für Fotos, Grafiken und Bilder auf Webseiten bleibt also festzuhalten, dass auch ein Schutz als Werk der bildenden Kunst nach § 2 Abs. 1 Nr. 4 UrhG nicht auszuschließen ist, die Erfüllung der Voraussetzungen muss allerdings im Einzelfall entschieden werden. Die Kombination einzelner Motive und die einfache Bearbeitung von Fotos reichen in der Regel nicht aus, um einen Schutz als Werk der bildenden Kunst zu begründen.[94] Abschließend soll das Gesagte noch durch das Urteil des OLG Hamm vom 24.08.2004 (AZ.: 4 U 41/04) belegt werden:

Die Klage, die Beklagte hätte die Webseite der Klägerin nachgeahmt, wurde zwar abgewiesen, weil kein urheberrechtlicher Schutz der besagten Bildelemente vorlag. Es wurde allerdings festgehalten, dass auch per Computer hergestellte Grafiken Bildwerke im Sinne des § 2 Abs. 1 Nr. 4 UrhG sein können. Die erforderliche körperliche Festlegung könne dabei durch Ausdrucken der besagten Bildelemente erreicht werden. In diesem Fall scheiterte der Schutz der besagten Bildelemente nur an der für Werke der bildenden Kunst sehr hoch angesetzten Schöpfungshöhe, da lediglich Hell-Dunkel-Effekte mit Hilfe des Computers eingefügt wurden, die nach Ansicht des Gerichts nicht über die normale handwerkliche Tätigkeit hinausgehen. Computergrafiken können demnach nur als Werke der bildenden Kunst nach § 2 Abs. 1 Nr. 4 UrhG geschützt werden, sollten, trotz fehlender Schöpfungshöhe, zu deren Herstellung

---

[92] Heutz, S., Freiwild Internetdesign? - Urheber- und geschmacksmusterrechtlicher Schutz der Gestaltung von Internetseiten, MMR 2005 Heft 9, S. 567.
[93] BGH v. 23.01.1981, I ZR 48/79 = GRUR 1981, 517.
[94] Heutz, S., Freiwild Internetdesign? - Urheber- und geschmacksmusterrechtlicher Schutz der Gestaltung von Internetseiten, MMR 2005 Heft 9, S. 567.

Verfremdungseffekte eingesetzt worden sein, die eine Kunstfertigkeit darstellen, die nicht jedem, der am Computer Grafiken erstellt oder bearbeitet, gegeben sind.[95]

Auch technische Darstellungen gehören zu den in diesem Abschnitt behandelten stehenden Bildern. Gerade auf Firmenhomepages werden diese Elemente häufig eingesetzt. Als eigene Werkart gemäß § 2 Abs. 1 Nr. 7 UrhG sind auch sie, bestimmte Voraussetzungen erfüllt, schutzfähig und dürfen nicht einfach kopiert und auf der eigenen Webseite verwendet werden. Darstellungen wissenschaftlicher und technischer Art dienen in erster Linie der Informationsvermittlung. Geschützt sind auch nur die Form und Art der grafischen und räumlichen Darstellung, nicht aber das dargestellte wissenschaftliche oder technische Gedankengut. Unter die Werkart der Darstellungen der wissenschaftlichen oder technischen Art gehören u.a. Baupläne, Landkarten, naturwissenschaftliche Abbildungen.[96] Grundvoraussetzung für einen Schutz nach § 2 Abs. 1 Nr. 7 UrhG ist das Erreichen der benötigten Schöpfungshöhe.[97] Diese ist hier allerdings nicht allzu hoch angesetzt, da bei der Umsetzung technischer Abläufe in grafische Form der individuellen Gestaltung aufgrund der Natur der Sache enge Grenzen gesteckt sind. Der verbleibende Spielraum wird allerdings im Urheberrecht anerkannt, weshalb auch technische Darstellungen, die in eine Webseite integriert sind, schutzfähig nach § 2 Abs.1 Nr. 7 UrhG sein können.[98] In diesem Zusammenhang wäre auch ein Schutz der gesamten Webseite als technische Darstellung denkbar. Einfache Rahmen, farbige Diagramme und strukturierende Seitenaufteilungen stellen allerdings noch keine technische Darstellung dar. Um Schutz gemäß § 2 Abs. 1 Nr. 7 UrhG beanspruchen zu dürfen, muss eine schöpferische Umsetzung konkreter Informationen in grafischer oder tabellarischer Form vorliegen, die über das normale handwerkliche Geschick hinausgeht. Diesen Tatbestand werden die meisten Webseiten in ihrer Gesamtheit aufgrund einer optischen Aufgliederung allerdings nicht erfüllen. Alle weiteren Möglichkeiten Schutz für die Webseite als Ganzes zu erhalten werden weiter unten in einem eigenen Abschnitt behandelt.[99]

---

[95] OLG Hamm v. 24.08.2002, 4U 41/04 = MMR 2005, 106.
[96] Leupold, A., Glossner, S., Münchner Anwalts Handbuch IT-Recht, Rn. 138-139.
[97] Schack, H., Urheberrechtliche Gestaltung von Webseiten unter Einsatz von Links und Frames, MMR 2001 Heft 1, S. 9.
[98] Koch, U., Otto, D., Rüdlin, M., Recht für Grafiker und Webdesigner, S. 36.
[99] Schack, H., Urheberrechtliche Gestaltung von Webseiten unter Einsatz von Links und Frames, MMR 2001 Heft 1, S. 9.

Zusammenfassend lässt sich sagen, dass fast alle Fotos in der Regel gemäß § 2 Abs. 1 Nr. 5 UrhG als Lichtbildwerke geschützt sind. Für den Fall, dass die sehr niedrig angesetzte Schöpfungshöhe nicht erreicht werden sollte, greift ergänzend das Leistungsschutzrecht der Lichtbilder nach § 72 UrhG. Voraussetzung für den Schutz als Lichtbildwerk bzw. Lichtbild ist jedoch der Einsatz von fotografischer Technik. Für mit Hilfe des Computers erstellte Grafiken (z.B. Logos oder ClipArts) aber auch Bearbeitungen und Verfremdungen von Fotos mit Hilfe von Bildbearbeitungssoftware, kann, das Erreichen der sehr hoch angesetzten Schöpfungshöhe vorausgesetzt, ein Schutz als Werk der bildenden Kunst nach § 2 Abs. 1 Nr. 4 UrhG in Betracht kommen. Auch techn. Darstellungen, wie z.b. Baupläne oder Landkarten können über § 2 Abs. 1 Nr. 7 UrhG als Darstellungen wissenschaftlicher oder technischer Art geschützt sein. Ob die geschützten Fotos, Bilder, Grafiken oder techn. Darstellungen dabei in eine statische oder eine dynamische Webseite über z.b. Java-Applets als Diashow oder ähnlichem eingefügt werden, ist für den urheberrechtlichen Schutz nicht relevant. Der Schutz über die erwähnten § 2 Abs. 1 Nr. 4, 5, 7 UrhG und § 72 UrhG entsteht unabhängig von der Verwendung des Werkes in einer Webseite. Die Wahl der im ersten Kapitel vorgestellten Webtechniken ist dem Webdesigner dabei bei der Einbindung des Fotos oder der Grafik freigestellt. Je nach Auftrag und den Anforderungen, die die Webseite erfüllen soll, eignen sich hierfür unterschiedliche Webtechniken. Auch bei Verwendung von Content Management Systemen, die in Kapitel 2.2 vorgestellt wurden, ändert sich nichts an der Schutzfähigkeit der entsprechenden Fotos, Grafiken oder auch techn. Darstellungen.

3.2.2.2 Bewegte Bilder

Im Gegensatz zu den stehenden Bildern, welche als statischer Bestandteil einer Webseite anzusehen sind, werden mit Hilfe von bewegten Bildern dynamische Webseiten bzw. dynamische Elemente in eine Webseite integriert. Zu den hier behandelten bewegten Bildern gehören Animationen, aber auch Filme. Zur Einbindung von dynamischen Inhalten in Webseiten wurden im zweiten Kapitel verschiedene Webtechniken vorgestellt. Die bekannteste und zur Realisierung von Animationen und Filmen beliebteste Technik war dabei Flash und wurde in Abschnitt 2.1.3.3 ausführlich behandelt. Nunmehr werden diese dynamischen Elemente auf einen möglichen urheberrechtlichen Schutz untersucht.

Filme können nach dem Urhebergesetz gemäß § 2 Abs. 1 Nr. 6 UrhG als Filmwerke geschützt sein. Nach der Rechtsprechung liegt ein Filmwerk vor, wenn dessen Schaffung eine schöpferische Leistung erfordert hat. Unter einem Filmwerk ist ein Werk zu verstehen, dessen Inhalt durch Folge von Bildern oder Folge von Worten, Bildern und Tönen dargestellt wird. In der Regel wird die notwendige schöpferische Leistung bei Filmen, die lediglich ein Geschehen aus der Wirklichkeit wiedergeben, nicht vorliegen (z.B. bei Wochenschauen). Allerdings hat der BGH in seinem Urteil vom 24.11.1983 (Az.: I ZR 147/81)[100] bereits festgestellt, dass auch bei Filmen über wirkliche Geschehen die erforderliche Schöpfungshöhe erreicht werden kann, sollte bei der Auswahl, Anordnung und Sammlung des Stoffes, sowie bei der Art der Zusammenstellung der einzelnen Bildfolgen individuelles Schaffen vorliegen.[101]

Ähnlich wie bei den Lichtbildern gibt es auch bei Filmen einen ergänzenden Leistungsschutz, der eingreift, sollte ein Werk die benötigte Schöpfungshöhe (Individualität) des § 2 Abs. 1 Nr. 6 UrhG nicht erreichen. § 95 UrhG regelt demnach den Schutz der Laufbilder. Geschützt sind alle Bild- und Tonfolgen, die nicht als Filmwerke geschützt sind. Rechteinhaber ist der Hersteller der Laufbilder, die Schutzdauer entspricht denen der Lichtbilder und beläuft sich auf 50 Jahre nach Erscheinen oder erlaubter öffentlicher Wiedergabe des Filmes.[102]

Webdesigner integrieren oft kurze Videosequenzen von Filmen auf Webseiten. Dies ist z.B. bei Webseiten der Fall, die zu den gängigen Marketingtools bei der Vermarktung neuer Kinofilme der Fall ist, aber auch andere Einsatzgebiete für solche Videosequenzen auf Webseiten wären vorstellbar. Oft werden Fernseh-Werbespots in die entsprechenden Webseiten eines Produkts integriert. Egal wie und auf welcher Art von Webseite eine Videosequenz oder ein ganzer Film integriert wird, es kommt für Videosequenz und Film jeweils ein Schutz über § 2 Abs. 1 Nr. 6 UrhG in Frage. Filme

---

[100] BGH v. 24.11.1983 I ZR 147/81 = GRUR 1984, 730 ff.
[101] Ilzhöfer, V., Patent-, Marken- und Urheberrecht, S. 195.
[102] Ilzhöfer, V., Patent-, Marken- und Urheberrecht, S. 231 f.

werden dabei als Filmwerke bezeichnet, Videosequenzen erfüllen meistens die Voraussetzungen für filmähnliche Werke.[103]

Animationen, die auch zu den dynamischen Elementen einer Webseite gehören, können ebenfalls einem urheberrechtlichen Schutz unterliegen. Animationen bestehen dabei, ähnlich wie Filme, aus einer Bildfolge einzelner Bilder. Sollten diese einzelnen Bilder jeweils einem urheberrechtlichen Schutz unterliegen, so ist auch die daraus entstandene Animation urheberrechtlich geschützt. Werden allerdings einzelne Bilder ohne Urheberschutz bzw. Bilder von verschiedenen Urhebern zu einer Animation zusammengefasst, stellt sich die Frage, ob die Animation urheberrechtlich schutzfähig ist. Einfache Bildfolgen stellen dabei in der Regel keine Filmwerke im Sinne des § 2 Abs. 1 Nr. 6 UrhG dar, da sie in den meisten Fällen die nötige Schöpfungshöhe nicht erreichen. Dann greift allerdings § 95 UrhG und die Animation ist als Laufbild urheberrechtlich vor identischer Übernahme geschützt. Der Schutz der Animation entbindet dessen Urheber allerdings nicht davon, sich auch die Rechte an den einzelnen Bildern gesichert zu haben. Verwendet ein Webdesigner für seine Animation z.B. verschiedene Fotos unterschiedlicher Urheber, so muss er für jedes verwendete Foto die entsprechende Lizenz zum Verwenden in der Animation beim Urheber erlangen. Sollte eine Animation für eine Webseite aus einzelnen vom Webdesigner am Computer selbst gestalteten Grafiken bestehen, so ist er auch Urheber dieser Grafiken. Diese sind dann einzeln als Werke der bildenden Kunst nach § 2 Abs. 1 Nr. 4 UrhG geschützt. Sollten die einzelnen Grafiken die benötigte Schöpfungshöhe nicht erreichen, sind sie urheberrechtlich nicht geschützt und können frei verwendet werden. Hier liegt auch ein großes Problem des Schutzes von Filmwerken oder Laufbildern. Die §§ 2 Abs. 1 Nr. 6, 95 UrhG stellen allein darauf ab, dass durch die Animation ein bewegtes Bild erzeugt wird. Mit Hilfe dieser Paragraphen könnten Werke über einen Umweg urheberrechtlichen Schutz erlangen, die alleine genommen schutzunfähig wären. Im Falle solcher Animationen wird der Schutzkorridor allerdings durch die Rechtsprechung sehr schmal gehalten werden, weshalb meistens nur die identische Übernahme der Animation verhindert werden kann.[104]

---

[103] Schack, H., Urheberrechtliche Gestaltung von Webseiten unter Einsatz von Links und Frames, MMR 2001 Heft 1, S. 9.
[104] Koch, U., Otto, D., Rüdlin, M., Recht für Grafiker und Webdesigner, S. 39 f.

Abschließend lässt sich festhalten, dass auch Filme, Videosequenzen und Animationen auf Webseiten, denen eine individuelle Eigenart zugesprochen werden kann, urheberrechtlich geschützt sind. Die behandelten § 2 Abs. 1 Nr. 6 UrhG und § 95 UrhG regeln dabei den Schutz als Filmwerke und Laufbilder. Da der Schutz der Filmwerke aber auch Laufbilder unabhängig von der verwendeten Herstelltechnik bei Erreichen der benötigten Schöpfungshöhe wirksam wird, ist es auch in Bezug auf die Integration dieser Elemente in eine Webseite egal, welche Webtechnik dazu verwendet wird. [105] Flash-Animationen und -Filme können dabei genauso urheberrechtlich geschützt sein, wie über Java-Applets realisierte Animationen oder Filmsequenzen, die in einem anderen Videoformat vorliegen.[106]

3.2.2.3 Text / Content

Der Content, zu Deutsch Inhalt einer Webseite stellt einen sehr wichtigen Bestandteil dieser dar. Um die Informationen, die die Webseite dem Besucher zur Verfügung stellen soll, so ansprechend und aussagekräftig wie möglich zu gestalten, investiert der Webdesigner sehr viel Zeit in die Erstellung der Texte. Aus diesem Grund ist es natürlich nicht gerne gesehen, wenn Texte bei der Erstellung einer neuen Webpräsenz einfach von ähnlichen Webseiten entnommen werden und als die Eigenen verkauft werden. Gleiches gilt natürlich auch für die Wiedergabe von Texten auf einer Webseite, die anderen Medien, wie z.B. Zeitungen oder ähnlichem entnommen wurden. Wie sich Webdesigner gegen die ungewollte Übernahme ihres Contents schützen können, und welche Art von Text welche Voraussetzungen erfüllen muss, um schutzfähig zu sein, wird im Folgenden ausführlich behandelt.

Die erste in § 2 Abs. 1 UrhG geregelte Werkart sind die Sprachwerke. Zu diesen zählt das Gesetz Schriftwerke, Reden und auch Computerprogramme. Besonders interessant für diesen Abschnitt sind hier die Schriftwerke.[107] Gemäß § 2 Abs. 1 Nr. 1 UrhG sind Schriftwerke Sprachwerke, deren Inhalt durch Schriftzeichen geäußert wird. Unter dem Oberbegriff der Sprachwerke versteht das Gesetz demnach alle persönlich-geistigen Schöpfungen, deren Inhalt durch eine Sprache als Ausdrucksmittel geäußert wird. Dabei

---

[105] Wandtke, A.-A., Bullinger, W., Praxiskommentar zum Urheberrecht, Rn. 120-121.
[106] Wandtke, A.-A., Bullinger, W., Praxiskommentar zum Urheberrecht, Rn. 120-121.
[107] Speziell auf Computerprogramme wird weiter unten noch näher eingegangen.

ist es egal, ob eine Sprache verwendet wird, die ausgesprochen werden kann, die bereits ausgestorben ist, eine Kunstsprache ist oder nur aus Symbolen oder Zeichen besteht. Auch Taubstummensprache oder die Flaggensignale aus der Seefahrt können eine Sprache i.S. des § 2 Abs. 1 Nr. 1 UrhG sein.[108] Allen Sprachwerken gemeinsam ist die Schutzvoraussetzung, dass nach § 2 Abs. 2 UrhG eine persönliche-geistige Schöpfung vorliegen muss. Diese Voraussetzung können sie jedoch auf unterschiedliche Art und Weise erlangen. Zum einen kann eine individuelle Auswahl bzw. Darstellung des Inhalts diese Voraussetzung erfüllen. Der Schutz begründet sich demnach durch die individuelle Darstellungsform. Aber auch eine durch eine individuelle Gedankenführung geprägte sprachliche Gestaltung kann eine persönliche-geistige Schöpfung darstellen. Aus diesem Grund kann grundsätzlich mittels § 2 Abs. 1 Nr. 1 UrhG nicht nur die Form eines Sprachwerks geschützt sein, auch der Inhalt kann in manchen Fällen vor Nachahmung Schutz genießen.[109] Aufgrund der verschiedensten möglichen Sprachwerke und besonders der vielen verschiedenen Arten von Schriftwerken, die alle unterschiedliche Eigenschaften besitzen, sind die Anforderungen an die erwähnte Schöpfungshöhe von Werkart zu Werkart unterschiedlich. Eine Auswahl verschiedener Sprachwerke und deren Schutzfähigkeit bzw. besondere Anforderungen an den Schutz werden in der folgenden Tabelle aufgezählt.

---

[108] Wandtke, A.-A., Bullinger, W., Praxiskommentar zum Urheberrecht, Rn. 45-47.
[109] Vgl. Wandtke, A.-A., Bullinger, W., Praxiskommentar zum Urheberrecht, Rn. 48-49.

Werkart	Schutz	Voraussetzung/Bemerkung	Beispiel Urteil
Sprachwerke mit wissenschaftlichem und technischem Inhalt	ja	Schutz bezieht sich nur auf individuelle Gedankenführung, Auswahl und Anordnung der wissenschaftlichen Inhalte, nicht aber den Inhalt selbst; sehr hohe Anforderungen an Schöpfungshöhe	OLG Hamburg v. 31. 3. 2004 - 5 U 144/03
Werbeaussagen	grundsätzlich möglich	entsprechende Individualität wird vorausgesetzt; aufgrund der Kürze vieler Werbetexte wird oft der nötige Grad der Schöpfungshöhe nicht erreicht	OLG Frankfurt v. 04.08.1986 - 6 W 134/86
Beiträge in Zeitungen/Zeitschriften	ja	Schutz wird meistens gewährt, da oft persönliche-geistige Schöpfung vorliegt; jedoch immer Einzelfallentscheidung, notwendige Individualität nicht immer gegeben	BGH v. 16.01.1997 - I ZR 9/95
Briefe/Schriftsätze/ Gebrauchsanleitungen Merkblätter	ja	sind geschützt, wenn persönliche-geistige Schöpfung vorliegt; müssen allerdings Phantasie und Gestaltungskraft aufweisen	BGH v. 17.04.1986 - I ZR 213/83
dem gebrauchszweck dienendes wissenschaftliches Werk	ja	schon die kleine Münze ist geschützt	OLG Nürnberg v. 29. 5. 2001 - 3 U 337/01
Literatur	ja	schon die kleine Münze ist geschützt; im Vergleich zu wissenschaftl. und techn. Werken sehr niedrige Schöpfungshöhe	-
AGB	grundsätzlich möglich	Geschützt, wenn keine alltäglichen Klauselformulierungen verwendet werden; keine juristische Standardformulierung	-
Tagebücher/Briefe	nein	bei privaten Tagebüchern und Briefen jedoch Schutz aus dem allgemeinen Persönlichkeitsrecht möglich	BGH v. 22.12.1959 - VI ZR 175/58
Formulare/Tabellen/ Vordrucke	ausnahms- weise	individuelle Form der Darstellung muss vorliegen	-
Werbeunterlagen/ Preislisten/ Merkblätter/ Kundenrundschreiben	ausnahms- weise	individuelle Form der Darstellung muss vorliegen	-
Lexika/Wörterbücher	ja	geschützt ist die Form, nicht der Inhalt	BGH v. 12.03.1987 - I ZR 71/85

Tabelle 3: Sprachwerke und Schutzvoraussetzungen[110]

---

[110] Wandtke, A.-A., Bullinger, W., Praxiskommentar zum Urheberrecht, Rn. 50-64.

Beispiele für Sprachwerke, bei denen nur die Form, nicht aber der Inhalt geschützt sind, wären z.B. Erzählungen, die aus der Realität entnommen sind oder auch Biografien. Diese können zwar in ihrer Form Schutz genießen, der Inhalt ist dabei aber nicht schutzfähig.[111]

In Bezug auf den in diesem Buch betrachteten Fall der Webseiten bedeutet dies, dass die Texte bzw. der Content der Webseiten grundsätzlich als Sprachwerk gemäß § 2 Abs. 1 Nr. 1 UrhG geschützt sein können. Es ist jedoch im jeweiligen Fall zu entscheiden, welche genaue Werkart vorliegt und welche der Schutzvoraussetzungen erfüllt werden, um einen Schutz vor Nachahmung zu gewähren. Werden auf einer Webseite hauptsächlich literarische Werke wiedergegeben bzw. veröffentlicht, so genießen diese aufgrund der für sie zu erreichenden geringen Schöpfungshöhe urheberrechtlichen Schutz. Aus Tabelle 3 wird ersichtlich, dass hier auch Werke der „kleinen Münze" schutzfähig sind. Anders ist dies bei Werken mit wissenschaftlichem oder technischem Inhalt, die ebenfalls oft auf Webseiten zu finden sind. Hier herrschen hohe Anforderungen an die schöpferische Eigentümlichkeit, die auch nur über die individuelle Auswahl bzw. Darstellung des Inhalts erreicht werden kann. Der Inhalt selbst ist bei dieser Art der Sprachwerke nicht geschützt. Auch die gerade auf gewerblich genutzten Webseiten oft zu findenden Allgemeinen Geschäftsbedingungen (AGB) können, sollten sie selbstformuliert worden sein, in ihrem Konzept, Aufbau und den verwendeten Formulierungen schutzfähig sein. Diese Formulierungen müssen dann allerdings das Alltägliche, das was jeder kann, übersteigen. Texte für Webseiten können, wenn sie nicht gerade als literarische Texte oder als techn. und wissenschaftliche Texte Schutz nach § 2 Abs. 1 Nr. 1 UrhG genießen, auch aufgrund der Tatsache, dass die einzelnen Textelemente durch Hyperlinks miteinander verbunden sind, geschützt sein. Der spezielle Aufbau der Texte wird durch die Verwendung der Hyperlinks, als kreative Leistung anerkannt, wodurch ein Schutz über die individuelle Darstellung des Inhalts erreicht werden kann.[112]

Oft werden allerdings keine ganzen Texte von einer Webseite auf eine andere übertragen. Es werden teilweise nur Textpassagen übernommen und durch eigene ergänzt. Grundsätzlich ist dies auch zulässig, Voraussetzung dafür ist aber, dass diese

---

[111] Wandtke, A.-A., Bullinger, W., Praxiskommentar zum Urheberrecht, Rn. 48-49.
[112] Leupold, A., Glossner, S., Münchner Anwalts Handbuch IT-Recht, Rn. 131-133.

Passagen auch als Zitate gekennzeichnet werden. Nach § 51 Nr. 2 UrhG ist das Zitieren aus Texten in einem eigenen Sprachwerk grundsätzlich erlaubt, jedoch dürfen dabei in der Regel nur kleine Ausschnitte (2-3 Sätze) übernommen werden. Die Übernahme größerer Textstellen muss durch den Text selbst und das eigene Sprachwerk gerechtfertigt sein. § 63 UrhG schreibt zudem vor, dass bei Zitaten immer die Quelle mit angegeben werden muss. Bei Einhaltung dieser Paragraphen kann einem möglichen Vorwurf der Nachahmung vorab vorgebeugt werden.[113]

Es lässt sich also festhalten, dass auch für auf Webseiten veröffentlichte Texte ein urheberrechtlicher Schutz nach § 2 Abs. 1 Nr. 1 UrhG in Frage kommen kann. Die Texte müssen allerdings abgrenzbar sein und das Alltägliche, das was jeder Nutzer hätte schreiben können, übersteigen. Jeder Text ist dabei gesondert auf seine konkrete Schöpfungshöhe zu untersuchen. Aufwendig gestaltete Marketinginformationen oder sehr contentlastige Webseiten erreichen diese dabei wohl eher, als z.B. die Navigationsleiste einer Webseite. Die einzelnen Buttons mit mittlerweile gängigen Bezeichnungen wie „Home", „Impressum" oder auch „Aktuelles" zu versehen, stellt keine persönliche-geistige Schöpfung durch den Webdesigner dar. Wie in Tabelle 3 zu sehen, wird wohl auch den meisten Werbesprüchen aufgrund ihrer Kürze ein urheberrechtlicher Schutz versagt bleiben.[114] Diesbezüglich könnte sich allerdings, auf das weiter unten behandelte Markenrecht gestützt, ein Schutz für Werbesprüche begründen lassen. Auch die Tatsache, dass die auf Webseiten verwendeten Texte eventuell ursprünglich aus einem anderen Medium, z.B. einer Zeitung, stammen, sie also digitalisiert wurden, ändert nichts an der Schutzfähigkeit als Sprachwerk. Es ist dabei egal, ob der Text auf herkömmliche Weise (normal programmiert) in die Webseite integriert wurde oder ob ein Content Management System verwendet wurde.[115] Webdesigner sollten immer bei der Verwendung fremder Texte die Genehmigung der Urheber einholen, diese Texte auch im Internet verwenden zu dürfen.

---

[113] http://www.internetrecht-rostock.de/urheber.htm, Stand 12.02.2009.
[114] Siebert, S., Die rechtssichere Webseite, S. 55.
[115] Wandtke, A.-A., Bullinger, W., Praxiskommentar zum Urheberrecht, Rn. 45-47.

3.2.2.4 Töne und Musik

Webseiten sprechen heutzutage nicht nur das menschliche Auge an und sind dadurch nicht nur rein visuell wahrnehmbar. Auch werden häufig Musikstücke oder kurze Melodien als Hintergrundmusik verwendet, um eine Webseite auch akustisch wahrnehmbar zu machen. Auch diese Elemente einer Webseite können nachgeahmt bzw. kopiert werden und auf einer anderen Seite eingesetzt werden. Allerdings kann auch hier das Urheberrecht den Urheber der Musik vor Nachahmung und unerlaubter Verwendung des Stückes schützen.

Nach § 2 Abs. 1 Nr. 2 UrhG sind Werke der Musik urheberrechtlich schutzfähig. Die Rechtsprechung versteht hier unter Werken der Musik, dass Empfindungen und Gedanken mit Hilfe von Tönen ausgedrückt werden. Wie alle anderen Werkarten müssen auch Werke der Musik Eigentümlichkeit und eine bestimmte Schöpfungshöhe aufweisen.[116] Auch eine persönliche geistige Schöpfung ist Grundvoraussetzung für den Schutz als Werk der Musik. Diese ist allerdings bereits erfüllt, wenn eine individuelle Komposition vorliegt.[117] Nach der deutschen Rechtsprechung wird die Schöpfungshöhe, die einen Schutz begründet, nicht sehr hoch angesetzt, was das Urteil des BGH vom 26.09.1980 (Az.: I ZR 17/78) belegt.[118] Demnach sind bereits Werke, die unter die „kleine Münze" zu zählen sind, als Werke der Musik geschützt. Die für die Begründung eines Schutzes als Werk der Musik nach § 2 Abs. 1 Nr. 2 UrhG vorausgesetzten Töne können auf jede erdenkliche Art und Weise erzeugt werden. Nicht nur die menschliche Stimme und musikalische Instrumente, auch mechanische Geräte und Naturgeräusche können z.B. eingesetzt werden. Der urheberrechtliche Schutz entsteht mit der Äußerung der Schöpfung, welche die Niederlegung des Musikstückes in Noten oder auf einem Tonträger darstellt. Eine Fixierung des Musikstückes ist allerdings für den urheberrechtlichen Schutz nicht zwingend, weshalb auch Improvisationen oder einmalige Aufführungen von Musikstücken einen urheberrechtlichen Schutz begründen können. Auch wenn die für einen Schutz nach dem Urheberrecht geforderte Schöpfungshöhe bei Werken der Musik sehr gering angesetzt ist, sind einzelne Töne und Akkorde nicht geschützt. Diese müssen im Interesse der Allgemeinheit freigehalten

---

[116] Ilzhöfer, V., Patent-, Marken- und Urheberrecht, S. 193.
[117] Wandtke, A.-A., Bullinger, W., Praxiskommentar zum Urheberrecht, Rn. 68-73.
[118] BGH v. 26.09.1980, I ZR 17/78 = GRUR 1981, 267.

werden.[119] Auch sind die Instrumentierung und der Sound an sich urheberrechtlich nicht schutzfähig. Die Melodie eines Songs ist in der Regel urheberrechtlich geschützt, während der einen bestimmten Interpreten kennzeichnende Sound, der Wiedererkennungswert besitzt, nicht geschützt ist.

Verwendet ein Webdesigner also ein Werk der Musik (z.b. einen bekannten Song aus den Charts), um dieses als Hintergrundmusik in eine Webseite zu integrieren, benötigt er die Erlaubnis des Urhebers, dieses Musikstück einsetzen zu dürfen. Gerade bei bekannten Musikstücken wird es allerdings schwer diese Genehmigung zu erhalten, da solche Stücke oft mehrere Urheber haben. Ist der Webdesigner selbst Urheber des Musikstücks oder der Tonfolge, die z.b. als akustische Untermalung in die Webseite integriert werden soll, so darf er dieses Element natürlich in die Webseite integrieren. Häufig werden allerdings keine ganzen Musikstücke, an denen der Webdesigner die entsprechenden Lizenzen besitzt, bzw. selbst erstellte Werke und Tonfolgen verwendet. Oft werden lediglich kurze Musiksequenzen verwendet, die aus verschiedenen urheberrechtlichen Werken entnommen und zu einer neuen Tonfolge zusammengesetzt wurden. Dieser unter dem Begriff Sound-Sampling bekannte Vorgang kann gemäß § 24 Abs. 1 UrhG als freie Benutzung erlaubt sein.[120] Voraussetzung ist allerdings, dass die entnommenen Teile der jeweiligen Musikstücke so kurz sind, dass sie selbst nicht als Tonfolge urheberrechtlich geschützt sind. Beim Sound-Sampling können auch neue urheberrechtliche Werke der Musik entstehen, wenn in der Kombination der einzelnen Tonfolgen eine schöpferische Leistung liegt. Dies wird auch dadurch möglich, dass der Urheberschutz von Musikstücken nicht an bestimmte Tonquellen gebunden ist, weshalb auch fremde Musikwerke als Quelle in Frage kommen.[121]

Es lässt sich also festhalten, dass Werke der Musik über § 2 Abs. 1 Nr. 2 UrhG schutzfähig sind. Bei der Verwendung solcher Werke im Zusammenhang mit einer Webseite sollte also immer die Genehmigung des Urhebers vorliegen, diese auch im Internet verwenden zu dürfen. Ganz kurze Ausschnitte aus geschützten Werken, die in einem neuen Werk zusammengefügt werden, können in der Regel ohne Urheberrechtsverstoß verwendet werden. Erkennungsmelodien, sowie ausgefallene

---

[119] Wandtke, A.-A., Bullinger, W., Praxiskommentar zum Urheberrecht, Rn. 68-73.
[120] Siebert, S., Die rechtssichere Webseite, S. 54.
[121] Wandtke, A.-A., Bullinger, W., Praxiskommentar zum Urheberrecht, Rn. 70-73.

akustische Signale sind in der Regel aufgrund der vorausgesetzten, niedrigen Schöpfungshöhe ebenso schutzfähig wie Musikstücke von bekannten Künstlern aus verschiedensten Musikrichtungen. Für akustische Signale, gerade für diejenigen, die nicht besonders ausgefallen sind, empfiehlt sich allerdings ein Schutz als Hörmarke, was noch weiter unten näher erläutert wird.[122]

3.2.2.5 Die Webseite in ihrer Gesamtheit

Nachdem in den vorherigen Kapiteln der Schutz der einzelnen Elemente einer Webseite untersucht wurde, soll nunmehr näher auf die Möglichkeiten eingegangen werden Schutz für die Webseite in ihrer Gesamtheit zu erlangen. Dabei kann allerdings nicht immer ein Schutz des Designs erreicht werden, die Webseite kann allerdings trotzdem in ihrer Gesamtheit Schutz vor Nachahmung genießen. In den bisherigen Betrachtungen wurde mit dem Begriff „Webseite" sowohl die komplette Webpräsenz, als auch jede einzelne aufrufbare Seite dieser Webpräsenz bezeichnet. Gerade in den folgenden Betrachtungen zu den §§ 4, 87a ff UrhG muss allerdings klar zwischen diesen beiden Begriffen unterschieden werden.

Das Design einer Webseite und damit das komplette Erscheinungsbild werden vom Webdesigner am Computer erstellt. Aus diesem Grund fällt ein Schutz als Lichtbild gemäß § 72 UrhG aus, da es hier am Einsatz fotografischer Technik fehlt. Jedoch kann ebenso, wie für einzelne Computergrafiken auch für die gesamte Seite ein Schutz als Werk der bildenden Künste nach § 2 Abs. 1 Nr. 4 UrhG in Betracht kommen. Die Voraussetzungen für die Einordnung als Werk der bildenden Künste, wurden bereits weiter oben ausführlich vorgenommen und sollen hier nicht mehr wiederholt werden.[123] Wie ein Urteil des BGH beweist, sind die Anforderungen an die zu erreichende Schöpfungshöhe bei dieser Werkart sehr hoch angesetzt.[124] Angewendet auf Webseiten bedeutet dies, dass die Gesamtgestaltung der Seite ein Ausdruck künstlerischen Schaffens sein muss. Da sich in der Regel auch fremde, neue Nutzer schnell und einfach auf der Webseite zurecht finden sollen, ist der Gestaltung im Rahmen der praktischen

---

[122] Schack, H., Urheberrechtliche Gestaltung von Webseiten unter Einsatz von Links und Frames, MMR 2001 Heft 1, S. 9.
[123] Heutz, S., Freiwild Internetdesign? - Urheber- und geschmacksmusterrechtlicher Schutz der Gestaltung von Internetseiten, MMR 2005 Heft 9, S. 567.
[124] BGH v. 22.06.1995, I ZR 119/93 = GRUR 1995, 581.

Nutzung der Seite oft ein kreativer Rahmen gesteckt.[125] Dieser Gestaltungsspielraum steht nach dem Urteil des OLG Düsseldorf aber keineswegs einem Schutz als Werk der bildenden Kunst entgegen. In diesem Urteil wurde der Webseite der Klägerin zwar kein urheberrechtlicher Schutz gewährt, das Gericht stellte allerdings eindeutig fest, dass auch die Webseite als Ganzes als Werk der bildenden Kunst schutzfähig sein kann.[126] In der Praxis wird bei der Gestaltung einer Webpräsenz oft aus praktischen Gründen eine bestimmte Anordnung der einzelnen Elemente, wie z.b. Navigationsleiste, Bilder, Text usw. gewählt und nicht etwas besonders kreatives und neues durch den Webdesigner umgesetzt. Oft wird ein Standardaufbau verwendet, der vielen Webseiten zu Grunde liegt, wohl auch weil er sich über viele Jahre bewährt hat.[127] In diesem Fall fehlt den Webseiten allerdings der kreative, künstlerische Wert, wodurch es schwer wird einen Schutz als Werk der bildenden Kunst zu erreichen. Die durch den § 2 Abs. 2 UrhG vorausgesetzte Individualität kann solchen Webseiten ebenfalls nicht zugesprochen werden, da die Arbeit der Webdesigner nicht über deren normales handwerkliches Können hinausgeht.[128] Auch durch eine Umsetzung und Gestaltung der Webseite durch ein professionelles Unternehmen, die in der Regel viel Geld kosten, wird nach dem bereits weiter oben zitierten Urteil des OLG Hamm nicht die erforderte Schöpfungshöhe erreicht.[129] Aus den oben genannten Gründen wird den meisten Webseiten ein Schutz als Werk der bildenden Künste versagt bleiben, da ihnen das Individuelle, Kreative und Außergewöhnliche fehlen wird.[130] Dass es allerdings auch Ausnahmen gibt, beweisen z.B. die Seiten „funneldesigngroup"[131] und „da website b4 da website"[132].

Sollte ein Schutz als Werk der bildenden Kunst nicht in Betracht kommen, so könnte die Webseite auch als Multimediawerk gemäß § 2 Abs. 1 Nr. 6, 2. Alt. UrhG geschützt sein. § 2 Abs. 1 Nr. 6 UrhG regelt, wie bereits ausführlich gezeigt, den Schutz von

---

[125] Heutz, S., Freiwild Internetdesign? - Urheber- und geschmacksmusterrechtlicher Schutz der Gestaltung von Internetseiten, MMR 2005 Heft 9, S. 567.
[126] OLG Düsseldorf v. 29.06.1999 , 20 U 85/98 = MMR 1999, 730.
[127] Heutz, S., Freiwild Internetdesign? - Urheber- und geschmacksmusterrechtlicher Schutz der Gestaltung von Internetseiten, MMR 2005 Heft 9, S. 567.
[128] BGH v. 23.01.1981, IZR 48/79 = GRUR 1981, 517.
[129] OLG Hamm v. 24.08.2002, 4U 41/04 = MMR 2005, 106.
[130] http://www.selbst-und-staendig.de/50226711/im_rechtlichen_dschungel_beim_klau_von_websites_part_2.php, Stand 17.02.2009.
[131] http://www.funneldesigngroup.com, Stand 23.02.2009.
[132] http://www.dawebsiteb4dawebsite.com, Stand 23.02.2009.

Filmwerken und auch filmähnlichen Werken. Die Webseite könnte demnach als filmähnliches Werk, in diesem Fall als Multimediawerk geschützt sein, sollte sie auch tatsächlich ein Multimediawerk darstellen. Die schöpferische Leistung eines Multimediawerks muss demnach in der Verwendung von Bild, Sprache und Ton zur Darstellung des Inhalts liegen. Die Webseite kann diese Voraussetzung z.B. durch Animationen, kurze Filmsequenzen, Bildfolgen oder andere dynamische Elemente erfüllen. Die verwendete Programmiersprache ist dabei frei wählbar. Die Elemente müssen allerdings einen wesentlichen Teil der Gesamtgestaltung der Webseite ausmachen, um dieser Schutz als Multimediawerk nach § 2 Abs. 1 Nr. 6 UrhG zu ermöglichen. Diese Voraussetzung wird von statischen Webseiten (siehe dazu Kapitel 2 Modernes Webdesign) in der Regel allerdings nicht erfüllt werden. Das Urteil des LG München I vom 11.11.2004 (AZ.: 7 O 1888/04) beschäftigt sich mit dem Schutz der gesamten Webseite als Multimediawerk und soll hier als Beispiel kurz angeführt werden:

Eigentlich ging es in diesem Streitfall um Unterlassungs-, Auskunfts- und Schadensersatzansprüche wegen unbefugter Verwendung einer Webseite. Die Klägerin, ein Webdesigner, warf der Beklagten (dem Auftraggeber der Webseite) vor, die Seite vor Bezahlung der im Werkvertrag vereinbarten Kosten verwendet zu haben.[...] Das Gericht stellte in diesem Urteil u.a. fest, dass die besagte Webseite Schutz als Multimediawerk i.S. des § 2 Abs. 1 Nr. 6 UrhG genieße, da die erforderliche Schöpfungshöhe erreicht werde. Die Webseite und insbesondere die Menüführung seien optisch sehr ansprechend. Nach jedem Aufruf eines Menüpunkts wird eine kurze Filmsequenz abgespielt. Die Tatsache, dass dieses dynamische Element in die Webseite integriert wurde, genügte den Richtern, um die benötigte Schöpfungshöhe als erreicht anzuerkennen und einen Schutz als Multimediawerk zu gewähren. Auch die Tatsache, dass der Webdesigner die vom Auftraggeber vorgegebenen sehr hohen Ansprüche voll und ganz umgesetzt habe, stelle ein Indiz für eine Leistung, die über das durchschnittliche Können eines Webdesigners hinaus ginge, dar.[133]

Auch ein Schutz als Computerprogramm gemäß § 2 Abs. 1 Nr. 1 UrhG und §§ 69a ff UrhG kann für die Webseite als Ganzes in Betracht kommen. Dabei wird sich der

---

[133] LG München I v. 11.11.2004 , 7 O 1888/04 = MMR 2005, 267.

Schutz allerdings wohl eher auf den, der Webseite zugrundeliegenden, HTML-Quellcode beziehen, als auf das eigentliche Aussehen der Seite. Aber auch dadurch kann die Webseite vor Nachahmung geschützt sein. Auch Computerprogramme müssen einige vom Gesetzgeber festgelegte Voraussetzungen erfüllen, um schutzfähig zu sein. Nach § 69a Abs. 3 UrhG liegt ein schutzfähiges Computerprogramm vor, wenn es Ergebnis der eigenen geistigen Schöpfung des Urhebers, in diesem Fall des Webdesigners ist. Anders als bei den anderen bereits angesprochenen Werkarten des Urhebergesetzes müssen bei einem Computerprogramm keine ästhetischen und qualitativen Aspekte berücksichtigt werden. Das Werk muss also keine besondere Individualität aufweisen und dadurch auch keine bestimmte Schöpfungshöhe erreichen. Die meisten Webseiten basieren, wie in Kapitel 2 gezeigt wurde, auf der Auszeichnungssprache HTML. Der HTML-Quellcode wird beim Aufruf der Webseite durch den Browser interpretiert und die Seite wird dem Nutzer angezeigt. Auch andere Programmiersprachen, wie z.b. Java, PHP, ActiveX usw. können bei der Gestaltung einer Webseite zum Einsatz gelangen und stellen einen Quellcode bereit, der i.S. der §§ 2 Abs. 1 Nr. 1, 69a ff. UrhG Schutz als Computerprogramm genießen kann. Theoretisch sollte es also kein Problem sein die Webseite in ihrer Gesamtheit über den Quellcode vor Nachahmung zu schützen. In der Praxis sieht dies allerdings ganz anders aus. Die wenigsten Webdesigner verwenden beim Erstellen der Webseiten heute noch die klassischen Programmiertechniken. Kaum ein Webdesigner erzeugt eine Webseite, indem er den Quellcode der Seite, sei sie nun komplett in HTML oder auch teilweise in einer anderen Sprache geschrieben, schrittweise durch Eingeben der benötigten Befehle in einem Editor erstellt. Vielmehr wird heutzutage ein Designprogramm verwendet, bei dem der Webdesigner die einzelnen Elemente der Seite lediglich, ähnlich wie bei einem Zeichenprogramm, durch Mausbewegungen und Klicks zusammenfügt. Das Programm generiert dann automatisch den zur Anzeige der Seite benötigten HTML-Quellcode. Für die Erstellung einer ganzen Webpräsenz sind also theoretisch keine Programmierkenntnisse mehr erforderlich. Auf diese Weise erstellte Webseiten können also die Voraussetzung einer eigenen geistigen Schöpfung durch den Webdesigner nicht erfüllen und sind aus diesem Grund auch nicht als Computerprogramm i.S. der §§ 69a ff UrhG schutzfähig.[134] Ähnliches gilt auch für einfache Javascripts wie z.B. Fenster-Popups, die in der Regel auch automatisch erstellt werden können und daher keine eigene geistige

---

[134] Heutz, S., Freiwild Internetdesign? - Urheber- und geschmacksmusterrechtlicher Schutz der Gestaltung von Internetseiten, MMR 2005 Heft , S. 567.

Schöpfung darstellen.[135] Anders kann dies allerdings bei aufwendigeren Skripten, z.B. zur Auswertung eines Formulars oder ähnlichem sein. Diese in den in Kapitel 2 vorgestellten Programmiersprachen (PHP, ASP, JSP, usw.) erstellten Teile einer Webseite werden häufig noch durch klassisches Programmieren erstellt, wodurch sie einen Schutz als Computerprogramm genießen können.[136] Wie oben bereits erwähnt wird sich der Schutz als Computerprogramm allerdings lediglich auf den Quellcode und den individuellen Aufbau der Seite beziehen. Nicht geschützt sind die dahinter steckende Idee, sowie das Ergebnis der Ausführung des Quellcodes durch den Browser, also das Erscheinungsbild der Seite.[137] Diese Trennung muss dringend vorgenommen werden, da das ein und dasselbe Erscheinungsbild einer Webseite, wie das OLG Düsseldorf in seinem Urteil festgestellt hat, durch unterschiedliche Quellcodes erreicht werden kann.[138] Aus diesem Grund kann der Schutz des Quellcodes nicht auch einen Schutz des Designs der Webseite begründen.[139] Ebenfalls zu dem Ergebnis, das der HTML-Quellcode einer Webseite nicht urheberrechtlich geschützt werden kann, kam das OLG Frankfurt/M. in seinem Urteil vom 22.3.2005 (AZ.: 11 U 64/04).[140]

Um die eigene Webseite vor einer ungewollten Einbindung in eine andere Webpräsenz mittels Frames[141] zu schützen, kann ein Schutz als Datenbankwerk i.S. des § 4 Abs. 2 UrhG in Betracht kommen.[142] Das Gesetz versteht dabei unter einem Datenbankwerk ein Sammelwerk, dessen Elemente systematisch oder methodisch angeordnet und einzeln mit Hilfe elektronischer Mittel oder auf andere Weise zugänglich sind.[143] Allerdings muss auch hier eine gewisse Schöpfungshöhe erreicht werden.[144] Die Webseite kann diese Voraussetzung z.B. durch eine durch Individualität gekennzeichnete Auswahl und Anordnung der einzelnen Datenbankelemente erreichen,

---

[135] http://www.selbst-und-staendig.de/5022671l/im_rechtlichen_dschungel_beim_klau_von_websites_part_2.php, Stand 17.02.2009.
[136] Siebert, S., Die rechtssichere Webseite, S. 58.
[137] Heutz, S., Freiwild Internetdesign? - Urheber- und geschmacksmusterrechtlicher Schutz der Gestaltung von Internetseiten, MMR 2005 Heft 9, S. 567.
[138] OLG Düsseldorf v. 29.06.1999, 20 U 85/98 = MMR 1999, 729ff.
[139] Heutz, S., Freiwild Internetdesign? - Urheber- und geschmacksmusterrechtlicher Schutz der Gestaltung von Internetseiten, MMR 2005 Heft 9, S. 567.
[140] OLG Frankfurt/M. v. 22.03.2005, 11 U 64/04 = MMR 2005, 705.
[141] Mit Hilfe von Frames können fremde Internetseiten in einen bestimmten Bereich der eigenen Webseite integriert werden, ohne, dass der Nutzer sieht, dass der angezeigte Inhalt von einer anderen Seite stammt.
[142] Heutz, S., Freiwild Internetdesign? - Urheber- und geschmacksmusterrechtlicher Schutz der Gestaltung von Internetseiten, MMR 2005 Heft 9, S. 567.
[143] § 4 Abs. 2 UrhG.
[144] Heutz, S., Freiwild Internetdesign? - Urheber- und geschmacksmusterrechtlicher Schutz der Gestaltung von Internetseiten, MMR 2005 Heft 9, S. 567.

was ebenfalls in dem Urteil des OLG Düsseldorf festgehalten wurde. Des Weiteren darf die benötigte Schöpfungshöhe auch nicht all zu hoch angesetzt sein, da je nach Verwendungszweck der Datenbank bereits ein gewisser Handlungsspielraum gesetzt ist, der bei der Auswahl des Datenbankinhalts eingehalten werden muss. Individualität ist in diesen Fällen dann schon nur noch über die Gestaltung des Abfragesystems der Datenbank erreichbar.[145] Die Gestaltung des Abfragesystems sollte dabei Designelemente enthalten, die sich von denen alltäglicher Abfragesysteme unterscheiden und so eine persönliche geistige Schöpfung darstellen.[146] Webseiten, die als Datenbankwerke gemäß § 4 Abs. 2 UrhG geschützt sein können, wären z.b. Online-Archive von Zeitschriften, umfassende Linksammlungen oder auch Suchmaschinen.[147] Ebenfalls denkbar wäre ein Schutz der gesamten Webpräsenz als Datenbankwerk, da diese in der Regel die Voraussetzung der einzelnen Zugänglichkeit und der systematischen oder methodischen Anordnung erfüllen werden. Scheitern wird dieser Schutz allerdings meistens an der Tatsache, dass die einzelnen Seiten der Webpräsenz nicht voneinander unabhängig, sondern in den Beziehungen, in denen sie zueinander stehen, extra angelegt wurden. Sie stellen also von vornherein aufeinander bezogene Teile der Webpräsenz dar. Gleiches gilt für die einzelnen Seiten, die zwar aus mehreren Elementen, und damit auch mehreren Dateien zusammengefügt sind, was allerdings nicht für einen Schutz als Datenbankwerk genutzt werden kann.[148]

Analog zu den weiter oben behandelten Lichtbildwerken und Filmwerken existiert auch bei Datenbankwerken ein ergänzender Leistungsschutz. Die §§ 87a ff UrhG regeln den Schutz des Datenbankherstellers und setzen ebenfalls eine systematische oder methodische Anordnung und einzelne Zugänglichkeit der Elemente der Datenbank voraus. Mit Hilfe dieses Leistungsschutzes soll die in die Erstellung der Datenbank geflossene Investition zur Beschaffung, Überprüfung und Darstellung der Daten und nicht der Inhalt der Datenbank geschützt werden. Die meisten Webseiten, die einfache Linksammlungen enthalten, werden diesen Tatbestand nie erfüllen, weshalb es sehr schwer ist für eine Webseite Schutz als Datenbank gemäß §§ 87a ff UrhG zu erlangen. Eine Webseite kann also nur eine Datenbank sein, wenn sie z.B. Suchfunktionen

---

[145] OLG Düsseldorf v. 29.06.1999, 20 U 85/98 = MMR 1999, 729 ff.
[146] Heutz, S., Freiwild Internetdesign? - Urheber- und geschmacksmusterrechtlicher Schutz der Gestaltung von Internetseiten, MMR 2005 Heft 9, S. 567.
[147] Siebert, S., Die rechtssichere Webseite, S. 60.
[148] Schack, H., Urheberrechtliche Gestaltung von Webseiten unter Einsatz von Links und Frames, MMR 2001 Heft 1, S. 9.

beinhaltet, unabhängige Elemente enthält und die Erhebung und Prüfung der Daten erhebliche Investitionen erfordert hat. Eine Ausnahme können hier wiederum Suchmaschinen bilden, deren Erstellung und Sammlung der Daten in der Regel mit großen Investitionen verbunden ist.[149]

Auch als Sammelwerk i.S. des § 4 Abs. 1 UrhG könnte eine Webseite bzw. eine ganze Webpräsenz geschützt sein. Auch hier wird vom Gesetz eine individuelle Auswahl und Anordnung voneinander unabhängiger Elemente vorausgesetzt. Die einzelnen Webseiten bestehen zwar aus einzelnen Elementen, diese sind aber gerade nicht voneinander unabhängig, da sie bei ihrer Erstellung bereits aufeinander abgestimmt und zu einem neuen Element verknüpft wurden. Gleiches gilt für die Webpräsenz, welche die einzelnen Seiten miteinander verbindet. Auch hier kann nicht von einer unabhängigen Verknüpfung der einzelnen Seiten gesprochen werden. Am Wahrscheinlichsten ist im Rahmen des Schutzes als Sammelwerk nach § 4 Abs. 1 UrhG noch der Schutz einer eine Linksammlung enthaltenen Webseite. Die einzelnen Links stellen voneinander unabhängige Elemente dar, die in der Linksammlung neu angeordnet und zu einem neuen Werk zusammengefügt werden.[150]

Zusammenfassend lässt sich sagen, dass egal, ob eine Webseite als Datenbankwerk, Datenbank oder Sammelwerk Schutz genießt, das Design der Webseite und damit ihr Erscheinungsbild kann hierdurch nicht geschützt werden. Lediglich die Übernahme der Seite als Ganzes kann mit Hilfe der §§ 4, 87a ff UrhG erreicht werden.[151] Anders ist dies allerdings bei einem Schutz als Werk der bildenden Kunst gemäß § 2 Abs. 1 Nr. 4 UrhG oder als Multimediawerk gemäß § 2 Abs. 1 Nr. 6 UrhG, hier kann nicht nur die Webseite in ihrer Gesamtheit, sondern auch das Design (Erscheinungsbild) der Seite geschützt werden. Ein Schutz als Computerprogramm i.S. der §§ 69a ff UrhG kommt für normale HTML-Webseiten in der Regel nicht in Betracht und schützt auch lediglich den Quellcode, nicht aber das Erscheinungsbild der Webseite. Der Schutz als Computerprogramm kann eher auf die in anderen Programmiersprachen (Java, Javscript, PHP, usw.) erstellten Elemente der Seite angewendet werden. Bei der

---

[149] Schack, H., Urheberrechtliche Gestaltung von Webseiten unter Einsatz von Links und Frames, MMR 2001 Heft 1, S. 9.
[150] Schack, H., Urheberrechtliche Gestaltung von Webseiten unter Einsatz von Links und Frames, MMR 2001 Heft 1, S. 9.
[151] Siebert, S., Die rechtssichere Webseite, S. 59 ff.

Verwendung eines CMS/WCMS kann die Webseite und insbesondere das Layout nicht als Computerprogramm geschützt werden. In der Regel wird dieses nicht vom Webdesigner selbst erstellt, sondern lediglich die Vorlage übernommen und das CMS/WCMS erstellt die Seite automatisch.[152] Inwiefern diese Layout-Vorlage allerdings schutzfähig ist, bleibt zu untersuchen.

3.2.2.6 Sonstiges

Es muss jedoch nicht eine Webseite 1:1 nachgeahmt oder einzelne urheberrechtlich geschützte Elemente übernommen worden sein. Auch das hinter einer Webseite steckende Konzept kann von anderen Webdesignern übernommen werden und so für diese eine erhebliche Zeitersparnis bedeuten. Wie einleitend bereits in Kapitel 3.2.1 erklärt wurde, schützt das deutsche Urheberrecht allerdings nicht die Idee, die hinter einem Werk steht, sondern nur seine konkrete Umsetzung, also Erscheinungsform. Für Webseiten bedeutet dies, dass Konzepte, wie z.B. das Konzept eines Online-Auktionshauses nicht über das Urhebergesetz geschützt werden können, auch wenn sie besonders kreativ und bei weitem das alltägliche Handwerk eines Webdesigners übertreffen. So können u.a. Seitenaufbau-, Geschäfts- oder auch Verkaufskonzepte rein nach dem Urheberrecht nicht geschützt werden. Allerdings ist ein Schutz über eines der anderen immaterialgüterrechtlichen Gesetze nicht ausgeschlossen.[153] Dies gehört allerdings nicht zu der in diesem Buch vorgenommenen immaterialgüterrechtlichen Betrachtung.[154]

3.2.3 Der Unterschied des deutschen Urheberrechts zum Copyright

Auf vielen Webseiten, aber auch auf Fotos und in Büchern oder einzelnen Artikeln findet sich oft ein Copyright-Vermerk mit dem dazugehörigen Zeichen „©". Derjenige, der diesen Vermerk auf dem entsprechenden Werk platziert hat, geht meistens fälschlicherweise davon aus, dass sein Werk dadurch urheberrechtlich geschützt ist.

---

[152] Vgl. dazu die Ausführungen zu §§ 69 a ff UrhG auf S. 50 f.
[153] http://www.selbst-und-staendig.de/50226711/im_rechtlichen_dschungel_beim_klau_von_websites_part_2.php, Stand 17.02.2009.
[154] Das Konzept des "One-Click"- Einkaufs von Amazon ist z.B. als Patent in den USA anerkannt.

Zwischen dem in Deutschland existierenden Urheberrecht und dem daraus resultierenden Werkschutz und dem Copyright-Vermerk bestehen jedoch einige wichtige Unterschiede, die hier nunmehr näher erläutert werden.

Gerade auf Webseiten wird das bekannte Copyright-Zeichen „©" zusammen mit einem Namen und einer Jahreszahl gerne genutzt, um dem Nutzer der Seite klar zu machen, wem die Rechte an den Inhalten der besuchten Seite zustehen. Das verwendete Zeichen und die damit verbundenen Rechte zum Copyright stammen allerdings aus dem angelsächsischen Rechtskreis und haben nichts mit dem kontinentaleuropäischen Urheberrechtssystem, wie es auch in Deutschland vorherrscht, zu tun.[155] England, sowie die USA sind die beiden Länder, in denen die Rechte an geistigen Schöpfungen über das Copyright geregelt werden.

In England gibt es sogar zwei verschiedene Copyright-Gesetze. Beide regeln nicht den Schutz einer Idee, sondern die Form, in der die Idee umgesetzt wurde. Ähnlich wie im deutschen Urheberrecht wird eine gewisse Originalität vorausgesetzt und auch zur Entstehung des Schutzes ist keine Registrierung oder Anmeldung notwendig. Sie wird allerdings angeboten und auch empfohlen, um zu späterer Zeit einen Nachweis führen zu können, wer letztendlich der Inhaber des Copyrights ist. Im Unterschied zum deutschen Urheberrecht kann der Inhaber eines Copyrights auch ohne Probleme eine juristische Person, also z.B. der Arbeitgeber eines Angestellten, sein, der im Rahmen seiner Anstellung ein Werk erschaffen hat.

Das amerikanische Copyright ist Teil des persönlichen Eigentumsrechts in den USA. Ebenfalls wie das engl. Copyright schützt es lediglich die Ausdrucksform, aber nicht die Idee. Anders als im deutschen Urheberrecht besteht beim Copyright die Möglichkeit die zustehenden Rechte an eine andere Person zu übertragen. Denkbar ist hier eine Übertragung exklusiver Rechte, welche immer schriftlich belegt werden muss, oder aber eine Übertragung nichtexklusiver Rechte, die auch mündlich vollzogen werden kann. Auch der Verkauf und die Vererbung der Rechte wären möglich. Seit dem Beitritt der USA zur revidierten Berner Übereinkunft im Jahr 1989 wurden einige Formalitäten bezüglich der Erlangung des Copyright-Schutzes abgeschafft, weshalb heute die bloße

---

[155] http://www.internetrecht-rostock.de/copyright-urheberrecht.htm, Stand 05.02.2009.

Schöpfung des Werkes genügt, um als Urheber Schutz für das Werk beanspruchen zu können. Gerade bei einem geplanten Verkauf oder einer Übertragung ist jedoch eine freiwillige Registrierung bzw. Anmeldung ratsam, da so eindeutig der Inhaber der Rechte festgehalten wird und der Anspruch so öffentlich aufgezeichnet ist.[156]

Laut § 7 UrhG ist in Deutschland derjenige Urheber eines Werkes, der dieses auch geschaffen hat (Schöpferprinzip). Ihm alleine stehen die in den obigen Kapiteln ausführlich behandelten Verwertungs- und Persönlichkeitsrechte zu. Der Copyright-Vermerk regelt, wie bereits erwähnt, lediglich nur, wer Inhaber der Verwertungsrechte an dem Werk ist. Aufgrund der Möglichkeit zur Übertragung und zum Verkauf dieses Rechts, muss dies nicht unbedingt der eigentliche Schöpfer des Werks sein. Aus diesem Grund kann der Copyright-Vermerk auch nicht den Urhebervermerk nach deutschem Recht ersetzen. Nach dem deutschen Urhebergesetz ist derjenige, der behauptet Urheber eines Werkes zu sein, in der Beweispflicht. Mit Hilfe des Copyrightvermerks kann dieser Beweis geführt werden, denn laut § 10 UrhG (Vermutung der Urheberschaft) ist derjenige, der auf einem zu schützenden Werk als Urheber genannt ist, bis zum Beweis des Gegenteils, als Urheber anerkannt. Im Fall der Webseiten bedeutet also ein Copyright-Vermerk mit dazugehörigem Namen und Jahreszahl, dass die genannte Person Urheber der Inhalte der besagten Webseite ist. Gleiches gilt für auf der Webseite abgebildete Fotos, sollten diese ebenfalls mit einem Copyright-Vermerk versehen sein. Da jedoch nach deutschem Urheberrecht Schutz nur denjenigen Werken gewährt wird, die die vorgeschriebene Schöpfungshöhe erreicht haben, wird der Vermerk, bei Werken die diese nicht erreichen, trotzdem nicht zu einem Schutz führen. Auch mit Copyright versehene Webseiten, Computerprogramme oder Fotos können urheberrechtlich nicht geschützt sein. Das deutsche Gesetz entscheidet über den Schutz unabhängig von jeglichen Copyright- oder ähnlichen Vermerken. Mit Hilfe dieser Vermerke können Betreiber von Webseiten jedoch den Beweis führen, dass sie die Inhaber der Rechte am Inhalt der Seiten sind. Bei falschen Copyright-Angaben drohen jedoch allerdings Unterlassungs- und Schadensersatzansprüche aus §§ 3, 5 UWG und § 97 UrhG. Lediglich die wahren Urheber der Werke sollten also zur Kenntlichmachung des damit verbundenen Schutzes einen Copyright-Vermerk verwenden.[157]

---

[156] http://www.jere-mias.de/biwi/urheb1.html#26, Stand 05.02.2009.
[157] http://www.internetrecht-rostock.de/copyright-urheberrecht.htm, Stand 05.02.2009.

3.2.4 Freie Lizenzen, insbesondere Creative Commons

Oft sind Urheber der Texte und Fotos nicht die Webdesigner selbst, sondern andere Personen, die entweder auch an der Gestaltung der Webseite beteiligt sind oder aber Garnichts mit der Seite zu tun haben. Bei Webpräsenzen für Unternehmen werden die beauftragten Webdesigner meist mit Texten und Fotos vom Unternehmen direkt versorgt. Die Frage nach dem urheberrechtlichen Schutz dieser Elemente sollte sich eigentlich nicht stellen, da davon auszugehen ist, dass das Unternehmen die Nutzungsrechte - wenn überhaupt möglich - an diesen Inhalten gesichert hat. Die auf professionellen Unternehmens-Webseiten zu sehenden Fotos, sind wohl meistens im Auftrag des Unternehmens von einem Fotografen erstellt worden (z.B. Produktfotos). Dieser kann dann dem Unternehmen die Nutzung dieser Fotos im Internet und auf Printmedien gestatten, sollte z.B. eine entsprechende Lizenzgebühr bezahlt worden sein. Allerdings kann nicht jedes Unternehmen und gerade nicht jeder private Betreiber eines Webauftritts für jedes verwendete Foto teure Lizenzen an die Fotografen bezahlen. Natürlich möchte auch niemand Urheberrechtsverletzungen begehen und die mit einer Abmahnung verbundenen hohen Kosten riskieren. Aus diesem Grund besteht die Möglichkeit die Elemente der Webseite, deren Urheber der Webdesigner oder Seitenbetreiber nicht selbst ist, über freie Lizenzen von anderen Urhebern zu beziehen und so kostenlos im Rahmen der Lizenzvereinbarung nutzen zu können. Es gibt mittlerweile unzählige Organisationen, die solche freien Lizenzen für die verschiedensten Inhalte zur Verfügung stellen, um so deren Verbreitung und Nutzung im Internet zu fördern. Dies soll hier lediglich an nur einem Beispiel näher erläutert werden.

Eine Organisation, die versucht den freien Zugang zu digitalen Inhalten, wie z.B. Fotos, Text und auch Musik zu vereinfachen, ist die Non-Profit-Organisation Creative Commons. Sie wurde im Jahr 2001 von einigen Internetrechts- und Urheberrechts-Experten zusammen mit Mitarbeitern und Studenten des Berkman Center for Internet & Society an der Harvard Universität in Cambridge (USA) gegründet. Der heutige Sitz der Organisation, die sich hauptsächlich durch Spendengelder finanziert, ist San Francisco. Creative Commons ist kein Rechteverwerter, kein Verleger und auch kein Vertragspartner zwischen Urheber und Nutzer, Creative Commons bietet lediglich vorgefertigte Lizenzverträge an, um die einfache Veröffentlichung digitaler Medieninhalte zu ermöglichen.[158] Die Creative Commons Lizenzen wurden von der amerikanischen Version in viele nationale Versionen übersetzt und an die nationalen Gesetze angepasst. In insgesamt 35 Ländern existieren bereits nationale Versionen der Creative Commons Lizenzen, 20 weitere sind in Arbeit.[159] Für die deutsche Version sind die Europäische EDV-Akademie des Rechts (Merzig/Saar) und das Institut für Rechtsinformatik der Universität des Saarlandes zuständig. Besonders interessant ist die Verwendung einer Creative Commons Lizenz für diejenigen Rechteinhaber, die ihre Inhalte ohne Lizenz nicht veröffentlichen wollen, allerdings auch nicht in der Lage sind besondere Lizenzen auszuarbeiten, damit sie nicht gezwungen sind alle Rechte an ihren Inhalten abzutreten.[160] Durch die Kombination der vier zur Verfügung stehenden Lizenzelemente „Namensnennung (BY)", „nicht-kommerzielle Nutzung (NC)", „keine Bearbeitung (ND)" und „Weitergabe unter gleichen Bedingungen (SA)" können die Rechteinhaber zwischen sechs verschiedenen, vorgefertigten Lizenzverträgen kostenlos auswählen (vgl. Abbildung 2).

generelle Nutzungsfreiheit			Nutzungsfreiheiten & -einschränkungen laut Lizenzbestimmungen				anzuwendende Lizenzkombination (CC-Button)
Vervielfältigung	Verbreitung	öff. Aufführung	Namensnennung Urheber BY	Bearbeitung ND	kommerzielle Nutzung NC	Bedingung der Weitergabe SA	
○	○	○	●	○	○	○	CC BY
○	○	○	●	○	○	●	CC BY SA
○	○	○	●	●	○	○	CC BY ND
○	○	○	●	○	●	○	CC BY NC
○	○	○	●	○	●	●	CC BY NC SA
○	○	○	●	●	●	○	CC BY NC ND

○ Freiheit ● Obligation ● Einschränkung

Abbildung 2: Nutzungsbestimmungen der Creative Commons Lizenzen[161]

Anwendbar sind diese Lizenzen auf alle digitalen Medieninhalte, die durch kreative Prozesse entstanden sind. Dazu gehören nicht nur Fotos, Texte, Audio- und Videodateien und multimediale Inhalte, sondern auch ganze Webseiten und z.B. auch

---

[158] http://de.creativecommons.org/faqs/#wasist_anwort, Stand 23.02.2009.
[159] Linde, F., Ebber, N., Creative Commons Lizenzen: Urheberrecht im digitalen Zeitalter, S. 48 ff.
[160] http://de.creativecommons.org/faqs/#wasist_anwort, Stand 23.02.2009.
[161] Linde, F., Ebber, N., Creative Commons Lizenzen: Urheberrecht im digitalen Zeitalter, S. 49.

Werbematerialien. Die lizensierten Medieninhalte können dabei mit Metadaten versehen werden, wodurch sich explizit nach solchen Inhalten mit Hilfe der großen Suchmaschinen (Google und Yahoo) im Internet suchen lässt. Die Verwendung von Creative Commons Lizenzen bringt Vorteile für Rechteinhaber und Nutzer. Sie sorgen für Rechtssicherheit auf beiden Seiten. Der Rechteinhaber kann seine Einwilligung z.B. zur Verbreitung und Bearbeitung unbürokratisch und einfach gestalten und kommunizieren. Der Nutzer auf der anderen Seite kann die Inhalte kostenlos verwenden und wird über die Einschränkungen der Nutzung aufgeklärt. So kann es nicht zu Unsicherheiten kommen, was die legale Nutzung der Inhalte in den jeweiligen Fällen angeht. Auch wird es natürlich gerade für den Rechteinhaber viel einfacher seine Werke zu veröffentlichen, da nicht bei jeder Nutzung ein neuer Lizenzvertrag mit dem Nutzer ausgehandelt werden muss. Ein unter einer Creative Commons Lizenz zur Verfügung stehendes Werk kann von verschiedenen Nutzern innerhalb der gesteckten Grenzen genutzt werden, ohne dass diese Kontakt mit dem Rechteinhaber aufnehmen müssen. Ein weiterer Vorteil liegt in der Möglichkeit der parallelen Verwertung des Werkes, so kann ein Werk im Internet unter einer freien Creative Commons Lizenz kostenlos zur Verfügung gestellt werden und zusätzlich dazu auch in einer kostenpflichtigen Version vom Rechteinhaber vertrieben werden. Auch eine von einer bestehenden Lizenz abweichende Nutzung des Werks ist möglich, diese muss jedoch in den einzelnen Fällen zwischen Rechteinhaber und Nutzer separat ausgehandelt werden.[162] Gerade das Beharren auf den durch das Urhebergesetz gewährten Ausschließlichkeitsrechten für digitale Inhalte steht einer Verbreitung und Nutzung dieser im Internet entgegen. Viele Urheber wollen der Öffentlichkeit unkompliziert Rechte an der Verwendung und Bearbeitung ihrer Werke einräumen und nutzen daher Creative Commons Lizenzen. Der starke Schutz, der durch das Urhebergesetz gegeben ist, wird dabei nicht verändert und auch die gesetzlichen Schranken bleiben unberührt. Der Urheber erhält allerdings eine genaue Kontrolle über sein Werk und was damit geschieht. Des Weiteren sind Creative Commons Lizenzen kostenlos, juristisch einwandfrei formuliert, für jeden einfach zu verstehen und dienen dem freien Informationszugang durch Förderung, Austausch und Verbreitung wissenschaftlicher und künstlerischer Inhalte. Sie sollen auch nicht als Konkurrenz zu anderen Lizenzmodellen angesehen werden, sie stellen lediglich eine Ergänzung dar. Aufgrund der in Deutschland sehr stark ausgeprägten

---

[162] Linde, F., Ebber, N., Creative Commons Lizenzen: Urheberrecht im digitalen Zeitalter, S. 48 ff.

Urheberpersönlichkeitsrechte, die nicht veräußert werden können, ist es z.B. nicht möglich Inhalten in dem aus den USA bekannten Bereich der Public Domain zu veröffentlichen. Unter Public Domain ist hierbei ein Bereich zu verstehen, in dem Inhalte frei von jeglichen urheberrechtlichen Beschränkungen genutzt und weiterbearbeitet werden können. Gerade für Software, für die die Creative Commons Lizenzen nicht genutzt werden kann, ist dies allerdings sehr wichtig. Die Quellcodes der Programme werden unter der Public Domain (z.b. GNU General Public License- GPL) zur Verfügung gestellt und können für weitere Entwicklungen genutzt werden. Diese Entwicklungen müssen allerdings dann ebenfalls wieder frei zur Verfügung stehen (Copyleft).[163]

Es lässt sich also festhalten, dass Creative Commons Lizenzen nicht den Gedanken des „All rights reserved", sondern aufgrund der eingeräumten Nutzungsrechte eher den Gedanken eines „Some rights reserved" verfolgen. Lediglich die Urheberpersönlichkeitsrechte müssen in Deutschland beim Urheber bleiben, die Verwertungsrechte können einfach und unbürokratisch mit Hilfe der Creative Commons Lizenzen auf die Internetnutzer übertragen werden und fördern so die digitale Publikation, Verwendung und Weitergabe von Medieninhalten. Weltweit gibt es zurzeit mehr als 140 Millionen Webseiten, auf denen das Logo der Creative Commons Lizenzen zu sehen ist, diese also entweder ganz oder nur bestimmte Elemente davon frei verwendbar sind.[164]

3.3 Das Markenrecht

3.3.1 Allgemeines

Das Markenrecht wird in Deutschland größtenteils über das Markengesetz (MarkenG) geregelt. Unter dem Oberbegriff Kennzeichenrecht werden jedoch auch Markengesetz, Namensrecht nach § 12 BGB, Vorschriften zur Unterscheidung von Kaufleuten nach

---

[163] http://de.creativecommons.org/faqs/#wasist_anwort, Stand 23.02.2009, Copyleft gilt jedoch auch für Creative Commons Lizenzen.
[164] Linde, F., Ebber, N., Creative Commons Lizenzen: Urheberrecht im digitalen Zeitalter, S. 48 ff.

§17 ff HGB und die Gemeinschaftsmarke (GMV) zusammengefasst. All diese Rechte beschäftigen sich mit dem Schutz von zur Kennzeichnung von natürlichen oder juristischen Personen, Unternehmen, Waren oder Dienstleistungen verwendeten Bezeichnungen und lassen sich nicht für den privaten Bereich anwenden. Das Markengesetz und die damit verbundenen Voraussetzungen und Möglichkeiten eines Schutzes sollen nunmehr zunächst einleitend dargestellt werden, um im nächsten Abschnitt einen möglichen Schutz von Webseiten nach dem MarkenG untersuchen zu können.

Das in Deutschland aktuell gültige Markengesetz stammt aus dem Jahr 1995 und beruht zu einem beträchtlichen Teil auf der Markenrechtsrichtlinie 89/104 EWG. In den Jahren zuvor war das Recht der Marken über das Warenzeichengesetz geregelt. Geschäftliche Bezeichnungen regelte § 16 a.F. UWG und geografische Herkunftsangaben § 3 a.F. UWG. Der Schutz all dieser Kennzeichen wurde dann im Jahr 1995 im Markengesetz zusammengefasst.[165] Marken werden dabei durch die §§ 3, 4 und 97 MarkenG geregelt, mit den geschäftlichen Bezeichnungen beschäftigt sich § 5 MarkenG und geografische Herkunftsangaben werden von § 126 MarkenG erfasst. Interessant für die spätere Untersuchung werden die Individualkennzeichen nach §§ 3 und 4 MarkenG sein, weshalb hier nur näher auf deren Schutz eingegangen werden soll. Geschäftliche Bezeichnungen werden bei der Betrachtung des Schutzes von Webseiten oder auch nur Teilen von Webseiten keine große Rolle spielen. Anders wär dies natürlich bei der Betrachtung der Domainadressen, welche für dieses Buch allerdings nicht berücksichtigt wurden.[166]

Nach § 3 MarkenG können alle Kennzeichen, die von einem Rechtssubjekt benutzt werden, um seine Waren oder Dienstleistungen von denen anderer Unternehmen zu unterscheiden, als Marke geschützt werden. Aus dieser Begriffserklärung heraus lassen sich die Funktionen einer Marke ableiten. Neben der Individualisierungsfunktion und der Unterscheidungsfunktion gehören auch Herkunftsfunktion, Garantiefunktion, Kommunikationsfunktion und Werbefunktion zu den vorrangigen Funktionen einer Marke. Das Markengesetz gehört, wie auch das Urhebergesetz zu den Ausschließlichkeitsrechten. Es kann für alle Kennzeichen einen Schutz gewähren, sollte

---

[165] Ilzhöfer, V., Patent-, Marken- und Urheberrecht, S. 112 f.
[166] Eisenmann, H., Jautz, U., Grundriss gewerblicher Rechtsschutz und Urheberrecht, S.93.

das entsprechende Kennzeichen als Marke schutzfähig sein. Um markenfähig sein zu können, muss das Kennzeichen jedoch folgende Voraussetzungen erfüllen:
- **Selbstständigkeit**, d.h. die Marke ist nicht identisch mit der Ware oder Verpackung, sie hat reine Kennzeichnungsfunktion
- **Einheitlichkeit**, d.h. die Marke muss mit einem Blick überschaubar sein und einen geschlossenen Gesamteindruck vermitteln
- **abstrakte Unterscheidungseignung**, d.h. die Marke muss in der Lage sein Waren oder Dienstleistungen des einen Unternehmers von denen eines anderen zu unterscheiden[167]

Sind diese ersten Voraussetzungen erfüllt, so können theoretisch alle Zeichen als Marke schutzfähig sein. § 3 Abs. 1 MarkenG enthält dabei eine nicht abschließende Aufzählung von als Marke schutzfähigen Zeichen. Darunter enthalten sind z.b. Wörter, Personennamen, Abbildungen, Buchstaben, Zahlen, Hörzeichen, aber auch Tast-, Geschmacks- oder Geruchszeichen. Nach dem äußeren Erscheinungsbild und den jeweiligen menschlichen Sinnesorganen, die sie ansprechen, aufgeteilt, lassen sich folgende Markenbegriffe unterscheiden:
- **Wortmarken**; z.B. BMW, 4711, Mc Donald's, usw.
- **Bildmarken/Bewegungsmarken**; können Abbildungen jeglicher Art sein, auch bewegte Bilder
- **Kombinationsmarken**; stellen Kombinationen aus Wort- und Bildmarken dar
- **Farbmarken**; Farben und Farbzusammenstellungen, z.B. Milka – Lila
- **Dreidimensionale Gestaltungen**; z.B. Michelin-Männchen
- **Hörmarken**; z.B. Töne, Tonfolgen, bestimmte Geräusche, aber keine längeren Melodien
- **Geruchsmarken**; olfaktorische Marken, z.B. duftende Taschentücher
- **Geschmacksmarken**; gustatorische Marken, z.B. Geschmack von Lippenstift
- **Tastmarken**; haptische Marken[168]

---

[167] Eisenmann, H., Jautz, U., Grundriss gewerblicher Rechtsschutz und Urheberrecht, S. 94 ff.
[168] Eisenmann, H., Jautz, U., Grundriss gewerblicher Rechtsschutz und Urheberrecht, S. 97 ff.

Damit der Schutz dieser Marken allerdings wirksam werden kann, sind anders als beim Urheberrecht, nicht nur einige Voraussetzungen, sondern auch Formalitäten zu erfüllen. Zum einen muss, wie bereits erläutert ein markenfähiges Zeichen nach § 3 MarkenG vorliegen. Des Weiteren dürfen die absoluten Schutzhindernisse nach § 8 MarkenG nicht einem Schutz als Marke entgegenstehen. Auch darf es sich nicht um ein Plagiat einer notorisch bekannten Marke (§ 10 MarkenG) handeln und es dürfen auch keine relativen Schutzhindernisse (§ 9 MarkenG) vorliegen. Unter die absoluten Schutzhindernisse fällt demnach u.a. die grafische Darstellbarkeit, d.h. die Marke muss klar, eindeutig, in sich abgeschlossen, leicht zugänglich, verständlich, dauerhaft und objektiv dargestellt werden. Bei Wort- und Bildmarken sollte dies kein Problem darstellen, schwieriger wird es allerdings z.B. bei Geruchsmarken. Folgende Kriterien zählen ebenfalls zu den absoluten Schutzhindernissen nach § 8 Abs. 2 MarkenG und müssen berücksichtig werden:

- fehlende Unterscheidungskraft
- beschreibende Angaben
- übliche Bezeichnungen
- täuschende Bezeichnungen
- gegen gute Sitten verstoßende Bezeichnungen
- Hoheitszeichen
- amtl. Prüf- und Gewährzeichen
- Bösgläubigkeit[169]

Als notorisch bekannte Marke wird eine Marke bezeichnet, wenn sie die Voraussetzungen des Artikels 6bis der Pariser Verbandsübereinkunft erfüllt. Auch die relativen Schutzhindernisse können einem Schutz nach dem MarkenG im Wege stehen, hierunter ist z.B. der Fall zu verstehen, dass eine neue Marke identisch mit einer bereits bestehenden Marke ist, oder diese Waren oder Dienstleistungen vertreibt, die ebenfalls mit denen der älteren Marke identisch sind. Aber auch nur ähnliche Marken, Waren oder Dienstleistungen können als relatives Schutzhindernis angesehen werden, wenn zwischen der alten und neuen Marke Verwechslungsgefahr besteht.

---

[169] Eisenmann, H., Jautz, U., Grundriss gewerblicher Rechtsschutz und Urheberrecht, S. 100 ff.

Sind auch diese Voraussetzungen erfüllt und hat der Anmelder überprüft, dass er mit der Anmeldung der neuen Marke keine bestehenden Rechte an einer älteren Marke verletzt, so kann die Marke beim Deutschen Patent- und Markenamt (DPMA) eingetragen werden. Die §§ 32-34 MarkenG regeln dabei das Eintragungsverfahren. Die Anmeldung der Marke muss schriftlich beim DPMA unter Angabe der Identität des Anmelders, der Wiedergabe der Marke und Angabe des Verzeichnisses der Waren/Dienstleistung, für die die Eintragung beantragt wird, eingereicht werden.[170] Des Weiteren muss die Gebühr nach § 3 PatKostG entrichtet werden.[171] Nach Eingang der Anmeldung wird diese vom DPMA ausgiebig geprüft, wobei alle oben erwähnten Voraussetzungen erfüllt sein müssen, bevor die angemeldete Marke in das Register eingetragen wird. Lediglich die relativen Schutzhindernisse werden bei dieser Prüfung nicht überprüft, dies geschieht erst im Falle eines Widerspruchs. Der Schutz der Marke wird wirksam, sobald die Eintragung in das Register im Markenblatt des DPMA veröffentlicht (vgl. §41 MarkenG) und kein Widerspruch erfolgreich eingelegt wurde.

Dies ist der wohl gängigste Weg Schutz für eine Marke nach § 4 MarkenG zu erlangen. Es ist jedoch ebenfalls möglich, dass eine Marke schutzfähig ist, ohne jemals beim DPMA angemeldet worden zu sein. § 4 Nr. 2 MarkenG regelt demnach, dass auch durch die Benutzung im geschäftlichen Verkehr, soweit das Zeichen innerhalb beteiligter Verkehrskreise als Marke Verkehrsgeltung erlangt hat, dieses Markenschutz genießt. Eine Anmeldung ist in diesem Fall also nicht nötig, der Schutz entsteht lediglich durch die Verkehrsgeltung. Aber auch eine notorisch bekannte Marke (siehe Artikel 6bis PVÜ) kann zum Schutz des gewerblichen Eigentums gemäß § 4 Nr. 3 MarkenG ohne Eintragung schutzfähig sein.[172]

Den Inhabern einer Marke steht nach § 14 MarkenG das ausschließliche Recht zu, diese im geschäftlichen Verkehr zu benutzen. Verstöße hiergegen können Schadensersatz- und Unterlassungsansprüche begründen. Inhaber einer Marke können neben natürlichen Personen auch juristische Personen sein. Die mit dem Schutz verbundenen Rechte können, anders als im Urhebergesetz, nicht nur vererbt, sondern auch komplett veräußert werden. Auch Lizenzen lassen sich auf alle Marken, egal wie deren Schutz

---

[170] Eisenmann, H., Jautz, U., Grundriss gewerblicher Rechtsschutz und Urheberrecht, S. 109 ff.
[171] Diese liegt in der Regel bei 300 € für eine Marke, die dann in drei Klassen angemeldet werden kann.
[172] Eisenmann, H., Jautz, U., Grundriss gewerblicher Rechtsschutz und Urheberrecht, S. 116 ff.

entstanden ist, anwenden. Im Gegensatz zu den anderen immaterialgüterrechtlichen Gesetzen, erlischt der Schutz nach dem Markengesetz theoretisch nie. Jede Eintragung ist zwar nur für 10 Jahre gültig, kann jedoch gegen entsprechende Gebühr immer wieder um 10 Jahre verlängert werden. Verfallen kann ein Markenschutz z.B. nur bei Nichtbenutzung der Marke oder auf Antrag der Nichtigkeit.[173]

3.3.2 Die einzelnen Elemente einer Webseite und deren Schutz

Analog zu den Untersuchungen zum Urheberrecht werden auch hier vorab die einzelnen Elemente einer Webseite auf einen möglichen markenrechtlichen Schutz untersucht, bevor Möglichkeiten für einen Schutz der Webseite in ihrer Gesamtheit erläutert werden. Dabei wird vorerst außer Acht gelassen, dass Webseiten nicht nur national in Deutschland abrufbar sind, sondern fast uneingeschränkt überall auf der Welt. Auch Marken müssen nicht nur national in einem Land geschützt sein, desgleichen wäre ein Schutz in mehreren europäischen oder sogar außereuropäischen Ländern denkbar. Diese Tatsache wird u.a. im letzten Abschnitt (vgl. Kap. 3.3.2.6) dieses Kapitels näher erläutert. Es ist auch klar, dass der hier betrachtete markenrechtliche Schutz lediglich für Webseiten von Unternehmen oder Personen, die diese im geschäftlichen Verkehr nutzen, in Betracht kommen kann. Lediglich für diese Fälle können Marken angemeldet werden oder erhalten Markenschutz aufgrund Verkehrsgeltung. Für rein private Webseiten wird ein markenrechtlicher Schutz regelmäßig nicht in Betracht kommen bzw. sich aufgrund der damit verbundenen Kosten nicht lohnen.

3.3.2.1 Stehende Bilder

Nach § 3 Abs. 1 MarkenG können Abbildungen, aber auch Buchstaben, Zahlen und andere Zeichen oder Kombinationen daraus als Marke beim DPMA angemeldet werden.[174] Für den Bereich der Webseiten, würde dies bedeuten, dass theoretisch alle Grafiken, welche die Voraussetzung der Markenfähigkeit erfüllen und zudem kein absolutes Schutzhindernis deren Anmeldung beim DPMA verhindert, als Marke vor ungewollter Nachahmung durch andere Webseiten geschützt werden können. Für den

---

[173] Eisenmann, H., Jautz, U., Grundriss gewerblicher Rechtsschutz und Urheberrecht, S. 120 ff.
[174] Eisenmann, H., Jautz, U., Grundriss gewerblicher Rechtsschutz und Urheberrecht, S. 98.

hier betrachteten Fall der stehenden Bilder kämen demnach mehrere Markenformen in Betracht. Die grafischen Elemente einer Webseite bestehen in der Regel nicht nur aus einzelnen Buchstaben oder Zahlen, weshalb Wort- und Zahlenmarken wohl eher außer Acht gelassen werden können. Bildmarken allerdings können Abbildungen jeder Art sein, weshalb theoretisch so gut wie jedes grafische Element einer Webseite als Bildmarke angemeldet werden kann. Auch die aus einer Kombination von Wortzeichen und Bildzeichen bestehenden Kombinationszeichen sind geeignet, um Elemente einer Webseite vor Nachahmung zu schützen. [175] Besonders interessant wird diese Markenform in den Fällen, in denen lediglich aus Wortzeichen bestehende Marken nicht vom DPMA eingetragen wurden, da diese beschreibende Bestandteile enthielten, die einem allgemeinen Freihaltebedürfnis unterliegen. In diesen Fällen kann die grafische Aufbereitung in Form einer Wort-Bildmarke trotzdem zu einem Schutz führen.[176] Die in § 8 MarkenG geregelten absoluten Schutzhindernisse, wie z.B. die grafische Darstellbarkeit (§ 8 Abs. 1 MarkenG), sollten für Bildmarken oder auch Wort-Bildmarken keine große Hürde darstellen.[177] Aus diesem Grund ist es, die finanziellen Mittel und Erfüllung der Anforderungen für die Anmeldung vorausgesetzt, möglich, jedes einzelne stehende Bild einer Webseite (z.B. Logos, Abbildungen, Grafiken, Hintergrundbilder usw.) als Marke eintragen zu lassen. Dies wird wohl allerdings in der Praxis lediglich für Logos, die dann nicht nur auf der Webseite des Unternehmens genutzt werden, angewendet. Die eingetragene Marke, z.B. das Firmenlogo, kann dann überall auf der Webseite eingesetzt werden. Auch können andere Grafiken mit dieser Bildmarke versehen werden, die dann ebenfalls, sollten sie kopiert oder nachgeahmt werden, markenrechtlich geschützt sind. Wird allerdings das geschützte Logo vom Nachahmer durch ein anderes ersetzt, oder werden die für die Marke wichtigen Erkennungsmerkmale entfernt, so lässt sich ein Schutz des übernommenen restlichen Teils der Grafik nicht mehr auf die Bildmarke stützen.[178] Ein markenrechtlicher Schutz empfiehlt sich des Weiteren natürlich für alle grafischen Elemente, denen aufgrund der fehlenden Schöpfungshöhe ein Schutz nach dem Urheberrecht versagt bleibt. Die mit einer Anmeldung einer oder mehrerer Marken verbundenen Kosten sollten allerdings

---

[175] Eisenmann, H., Jautz, U., Grundriss gewerblicher Rechtsschutz und Urheberrecht, S. 98.
[176] Koch, U., Otto, D., Rüdlin, M., Recht für Grafiker und Webdesigner, S. 71.
[177] Eisenmann, H., Jautz, U., Grundriss gewerblicher Rechtsschutz und Urheberrecht, S. 102.
[178] Vgl. http://www.selbst-und-staendig.de/50226711/im_rechtlichen_dschungel_beim_klau_von_websites_part_10.php, Stand 28.02.2009.

nie außer Acht gelassen werden, da weiterhin für viele grafische Elemente die Möglichkeit eines kostenlosen urheberrechtlichen Schutzes bestehen bleibt.[179]

3.3.2.2 Bewegte Bilder

Auch bewegte Bilder, sprich Animationen und kurze Videosequenzen können nach § 3 Abs. 1 MarkenG als Marke geschützt werden. Animationen und Videosequenzen stellen nichts anderes dar, als eine bewegte Folge von einzelnen Bildern. Diese können als Bewegungsmarke oder auch multimediale Marke geschützt werden. Dabei herrschen, anders als im Urheberrecht, keine bestimmten Voraussetzungen an das Dargestellte. Bewegungsmarken können jede Art von natürlichen Vorgängen abbilden, aber auch rein künstliche Vorgänge (z.B. Zeichentricks) können dargestellt werden. Sie müssen lediglich die Voraussetzungen zur Markenfähigkeit erfüllen. Dies kann allerdings für viele Animationen und auch Videosequenzen schwierig werden, da sie in der Lage sein müssen die Waren oder Dienstleistungen eines Unternehmens, von denen eines anderen Unternehmens zu unterscheiden. Erkennungsspots oder Animationen von Fernsehanstalten oder Sendungen und auch animierte Logos erfüllen z.B. diese Voraussetzungen.[180] Die Voraussetzung des § 8 Abs. 1 MarkenG der grafischen Darstellbarkeit können Bewegungsmarken regelmäßig durch eine Wiedergabe des Bewegungsablaufs durch eine Vielzahl von zweidimensionalen Abbildungen erfüllen.[181]

3.3.2.3 Texte

Texte von Webseiten könnten theoretisch als Wortmarken geschützt sein. Allerdings wird es wohl in der Praxis nicht vorkommen, dass versucht wird ganze Texte als Marke zu schützen. Das Urheberrecht bietet in diesem Zusammenhang einen viel leichter zu erreichenden Schutz. Ein Schutz nach dem MarkenG wird diesen Texten meist schon versagt bleiben, da ihnen die Unterscheidungskraft, die sie benötigen, um markenfähig

---

[179] Das in diesem Abschnitt Gesagte gilt analog theoretisch auch für einen markenrechtlichen Schutz, der durch Verkehrsgeltung entstanden ist. Die Voraussetzungen an die Markenfähigkeit müssen allerdings auch hier erfüllt sein. Gleiches lässt sich auch für die weiter unten behandelten Markenformen festhalten.
[180] Eisenmann, H., Jautz, U., Grundriss gewerblicher Rechtsschutz und Urheberrecht, S. 98.
[181] Eisenmann, H., Jautz, U., Grundriss gewerblicher Rechtsschutz und Urheberrecht, S. 102.

sein, fehlen wird. Auch werden die meisten Webtexte übliche Bezeichnungen gemäß §8 Abs. 2 Nr. 3 MarkenG enthalten, was ebenfalls einen Schutz als Marke ausschließt.[182] Denkbar wäre allerdings ein Schutz einzelner Textelemente oder auch kurzer prägnanter Sätze als Wortmarke. Hierbei könnten z.b. Werbeslogans oder nur einzelne Wörter einen Schutz als Marke genießen[183]. Auch die unter dem Begriff der Mehrwortmarken erfassten Werbeslogans müssen jedoch Unterscheidungskraft aufweisen. Nach der aktuellen Rechtsprechung genügt hier allerdings bereits ein vorhandener individualisierender Bestandteil, wie dies z.B. bei „Hoffentlich *Allianz*-versichert" der Fall ist. An die Unterscheidungskraft werden also bei Werbeslogans weniger strenge Anforderungen gestellt, als bei den übrigen Wortmarken. So können Kürze, eine gewisse Originalität und Prägnanz, sowie Mehrdeutigkeit und Interpretationsbedürftigkeit als Indizien hierfür herangezogen werden.[184]

3.3.2.4 Töne

Auch Töne, Tonfolgen oder Geräusche können, sollten sie die Anforderungen an die Markenfähigkeit erfüllen, als Marke schutzfähig sein. Um allerdings unter dem Begriff der Hörmarken gemäß § 3 Abs. 1 MarkenG vor Nachahmung Schutz zu genießen, müssen sie vor allem die Voraussetzung der Einheitlichkeit der Marke und das absolute Schutzhindernis der grafischen Darstellbarkeit erfüllen. Längere Melodien sind demnach nicht schutzfähig, da diese nicht in der Lage sind einen geschlossenen Gesamteindruck zu vermitteln und so nicht zur Einheitlichkeit beitragen. Die nach § 8 Abs. 1 MarkenG geforderte grafische Darstellbarkeit kann von Hörmarken durch die Wiedergabe in Notenschrift oder als Sonagramm[185] erfolgen. Zusätzlich dazu müssen sie allerdings nach § 11 MarkenVO auch als klangliche Wiedergabe auf einem Datenträger bei der Anmeldung abgegeben werden. Für Töne und Tonfolgen sollte die Erfüllung dieser Voraussetzungen kein Problem darstellen. Anders sieht dies allerdings bei Geräuschen aus, da diese nicht in Form von Noten grafisch dargestellt werden können. Die Rechtsprechung ist sich, was die Wiedergabe dieser Hörmarken als Sonagramm angeht, allerdings bis heute jedenfalls noch nicht einig. Aus diesem Grund

---

[182] Vgl. Eisenmann, H., Jautz, U., Grundriss gewerblicher Rechtsschutz und Urheberrecht, S. 98 ff.
[183] Vgl. Koch, U., Otto, D., Rüdlin, M., Recht für Grafiker und Webdesigner, S. 73.
[184] Eisenmann, H., Jautz, U., Grundriss gewerblicher Rechtsschutz und Urheberrecht, S. 104 f.
[185] Grafische Darstellung zur Sichtbarmachung von akustischen Signalen.

wird es wohl zurzeit schwer sein, Geräusche als Hörmarken eingetragen zu bekommen.[186] Eigentlich ist ein markenrechtlicher Schutz von Tönen und Tonfolgen überflüssig, da diese meistens auch unter urheberrechtlichem Schutz stehen.[187] Für alle Fälle, in denen der Schutz als Werk der Musik allerdings versagt bleibt, und in denen die mit einer Anmeldung als Marke verbundenen Kosten keine Rolle spielen, bietet sich der Schutz z.b. einer Erkennungsmelodie als Hörmarke an.[188] Für die Anmeldung urheberrechtlich geschützter Werke als Hörmarke ist jedoch zu beachten, dass dazu die exklusiven Nutzungsrechte für die Verwendung in der Werbung benötigt werden. Diese zu erhalten könnte sich in der Praxis allerdings als sehr schwierig herausstellen.[189] Ein Beispiel für eine Hörmarke, die ab und an auch auf Webseiten Verwendung findet, wäre z.B. der Telekom-Jingle.[190]

3.3.2.5 Die Webseite in ihrer Gesamtheit

Natürlich besteht theoretisch auch die Möglichkeit die Webseite in ihrer Gesamtheit markenrechtlich zu schützen. Denkbar wären hier verschiedene Wege, die nunmehr erläutert werden.

Zunächst wäre demnach ein Schutz der kompletten Webseite als eigenständige Marke denkbar. Nach der in § 3 Abs. 1 MarkenG enthaltenen nicht abschließenden Auflistung der markenfähigen Zeichen, könnte ein Schutz der Webseite als multimediales Werk in Frage kommen. Gerade multimediale Webseiten zeichnen sich dadurch aus, dass sie aus verschiedenen Zeichen, Buchstaben, Zahlen, Hörzeichen und Abbildungen bestehen, die laut Gesetz alle markenfähig sein können. Des Weiteren erfüllt eine Webseite auch die Hauptvoraussetzung einer Marke, nämlich die Fähigkeit die Waren oder Dienstleistungen eines Unternehmens von denen eines anderen Unternehmens zu unterscheiden. Als Marketinginstrument sind Webseiten heute nicht mehr als Bestandteil der Außendarstellung eines Unternehmens wegzudenken. Auch die Voraussetzung, dass die Marke im geschäftlichen Verkehr genutzt werden muss, kann

---

[186] Eisenmann, H., Jautz, U., Grundriss gewerblicher Rechtsschutz und Urheberrecht, S. 99 ff.
[187] Koch, U., Otto, D., Rüdlin, M., Recht für Grafiker und Webdesigner, S. 73.
[188] Schack, H., Urheberrechtliche Gestaltung von Webseiten unter Einsatz von Links und Frames, MMR 2001 Heft 1, S. 9.
[189] Koch, U., Otto, D., Rüdlin, M., Recht für Grafiker und Webdesigner, S. 73.
[190] Nave, J., C., Markenrecht in der Unternehmenspraxis, S. 35.

theoretisch einem Schutz der Webseite als Marke nicht im Wege stehen. Das Internet stellt nämlich heutzutage einen eigenen Markt im Online-Bereich dar, in dem die Webseite mit den Webseiten der anderen Unternehmen konkurriert.[191] Aussagen darüber, inwiefern dies allerdings in der Praxis Anwendung findet, können hier leider keine getroffen werden.

Neben einer Eintragung der Webseite als eigenständige Marke, wäre allerdings auch denkbar, dass diese aufgrund von Verkehrsgeltung einen Schutz nach dem Markengesetz genießt. Nach § 4 Nr. 2 MarkenG kann Markenschutz auch durch die Benutzung eines Zeichens im geschäftlichen Verkehr entstehen, soweit dieses innerhalb beteiligter Verkehrskreise als Marke Verkehrsgeltung erworben hat. Im Gesetz wird dabei nicht verbindlich festgelegt, welchen Grad der Bekanntheit ein Zeichen erreichen muss, um die Voraussetzung der Verkehrsgeltung zu erfüllen. Aus der Rechtsprechung haben sich allerdings mittlerweile Richtwerte ergeben, an denen sich die Praxis orientieren kann. Bei unterscheidungskräftigen und nicht freihaltebedürftigen Zeichen reicht in der Regel ein Bekanntheitsgrad von ca. 20% innerhalb der beteiligten Verkehrskreise aus, um für diese einen Schutz nach § 4 Nr. 2 MarkenG zu begründen.[192] Bei nicht unterscheidungskräftigen oder freihaltebedürftigen Zeichen reichten teilweise Bekanntheitsgrade von ca. 51-52 % nicht aus, um einen Schutz zu begründen.[193] Allerdings gibt es auch einen Einzelfall, nach dem ein regionaler Bekanntheitsgrad von 61% genügte, um regionalen Schutz für das entsprechende Zeichen zu erlangen. Es lässt sich also festhalten, dass die Anforderungen an die Verkehrsgeltung und damit den Bekanntheitsgrad umso höher anzusetzen sind, je weniger unterscheidungskräftig ein Zeichen ist.[194] Im Hinblick auf das Internet und insbesondere die Webseiten sollte allerdings beachtet werden, dass nach dem Urteil des BGH vom 22.07.2004 (Az.: I ZR 135/01) eine bundesweite Verkehrsgeltung, von ansonsten regional wirkenden Unternehmen, nicht durch die bloße Abrufbarkeit der Webseite im Internet entsteht.[195] Die Verkehrsgeltung hängt nämlich auch von der markenmäßigen Benutzung der Webseite ab. Der Bekanntheitsgrad und damit die Verkehrsgeltung im Internet können dabei u.a. mittels internetspezifischer Hilfsmittel

---

[191] Vgl. Rademacher, N., Urheberrecht und gewerblicher Rechtsschutz im Internet, S. 139 ff.
[192] Berlit, W., Das neue Markenrecht, S. 11 ff.
[193] BGH v. 21.11.1991, I ZR 263/89 = GRUR 1992, 72 f.
[194] Berlit, W., Das neue Markenrecht, S. 11 ff.
[195] BGH v. 22.07.2004, I ZR 135/01 = GRUR 2005, 262 ff.

wie z.B. Hits, Clicks per view, usw. festgestellt werden.[196] Des Weiteren sind allerdings zusätzliche demoskopische Gutachten durchzuführen, um aussagekräftige Ergebnisse für die Bekanntheit der Marke im Internet zu erhalten. Diese Untersuchungen sind besonders wichtig, da im Internet zwei verschiedene Markenformen auftreten können. Zum einen wäre dies zunächst eine Hybridmarke, die bereits außerhalb des Internets im geschäftlichen Verkehr benutzt wurde. Für diese Markenform sind die normalen Anforderungen an die Verkehrsgeltung zu stellen, wie sie auch für reine Offlinemarken, welche im Internet nicht verwendet werden, gelten. Für den zweiten Fall der reinen Onlinemarken müssen allerdings die oben genannten Untersuchungen durchgeführt werden, um Aussagen über die Bekanntheit der Marke treffen zu können. Des Weiteren kann mit Hilfe der hier angeführten Untersuchungen auch festgestellt werden, um welche Form der Marke es sich in den entsprechenden Fällen handelt.[197] Verkehrsgeltung ergibt sich also nicht zwingend aus der Präsentation des eigenen Unternehmens mittels Webseite im Internet. Eine ausgiebige Nutzung im geschäftlichen Verkehr und große Bekanntheit dieser sollten für einen Schutz nach dem Markengesetz zwingend vorliegen.[198] Auch hier können keine Aussagen getroffen werden, inwiefern in der Vergangenheit Webseiten aufgrund Verkehrsgeltung als Marke geschützt wurden.

Die letzte Möglichkeit die Webseite in ihrer Gesamtheit bzw. das Layout der Seite zu schützen, könnte über den Schutz des Corporate Design erreicht werden. In der heutigen Zeit ist es für Unternehmen immens wichtig geworden, ihre Außendarstellung und ihr Auftreten dem Kunden gegenüber durch bestimmte Wiedererkennungsmerkmale zu sichern. Um dies zu erreichen verwenden diese oft ein einheitliches aussagekräftiges Corporate Design, welches Teil ihrer Corporate Identity ist. Egal, ob es sich z.B. um Briefpapier, Printwerbung oder Webseiten handelt, das Corporate Design hebt das Unternehmen durch die Wahl bestimmter immer wiederkehrender Farbkombinationen, Abbildungen, Logos, Töne, usw. von anderen Unternehmen ab. Solch ein Corporate Design lässt sich deshalb auch markenrechtlich schützen und gewährt dem Unternehmen einen Schutz z.B. seiner Webseite vor Nachahmung. Der Schutz der einzelnen Elemente, wie z.B. Abbildungen, Logos, Töne usw., die allesamt Teil des Corporate Design sein können, wurde bereits weiter oben erläutert. Teil eines Corporate

---

[196] Hoeren, T., Internetrecht, S. 82 ff.
[197] Utz, R., Verkehrsgeltung der Marke im Internet, S. 132 ff.
[198] Hoeren, T., Internetrecht, S. 82 ff.

Design kann allerdings auch die Verwendung bestimmter Farben oder Farbkombinationen sein, die gerade auf Webseiten einen besonderen Wiedererkennungswert besitzen. Oft werden auch keine ganzen Webseiten 1:1 kopiert, bereits die Verwendung identischer Farben für die gleichen Bereiche einer Webseite, können eine nachgeahmte Webseite dem Original sehr ähnlich erscheinen lassen.[199] Das Corporate Design und insbesondere die hier betrachtete Anwendung von bestimmten Farben könnte demnach gemäß § 3 Abs. 1 MarkenG als Farbmarke eingetragen werden. Allerdings müssen auch hier die Voraussetzungen zur Markenfähigkeit erfüllt sein und es dürfen keine absoluten Schutzhindernisse vorliegen. Für einzelne konturlose Farben genügt die Angabe der RAL- oder Pantone-Nummer, um die Voraussetzung der grafischen Darstellbarkeit des § 8 Abs. 1 MarkenG zu erfüllen.[200] Die häufig verwendeten Grundfarben werden allerdings in der Regel einem besonderen Freihaltebedürfnis unterliegen und können demnach nicht eintragen werden.[201] Für Farbmarken, die aus mehreren Farben bestehen ist diese Voraussetzung allerdings nur erfüllt, wenn diese systematisch so angeordnet sind, dass die betreffenden Farben in vorher festgelegter und beständiger Weise verbunden sind. Beispiele für eingetragene Farbmarken wären z.B. das Lila der Firma Milka und das Magenta der Deutschen Telekom.[202] Auch aufgrund von Verkehrsgeltung kann für Farbmarken ein Schutz nach dem Markengesetz entstehen. In Verbindung mit den oben dargestellten Voraussetzungen an die Verkehrsgeltung im Internet, wäre also auch ein Schutz der Webseite und insbesondere der verwendeten Farben denkbar. Auch hierfür gibt es allerdings keine aktuellen Beispiele aus der Praxis.

Zusammenfassend lässt sich also sagen, dass der Schutz einer Webseite in ihrer Gesamtheit über das Markengesetz bisher in der Praxis wenig bis gar keine Anwendung gefunden hat. Theoretisch denkbar wäre allerdings zum Einen ein Schutz der Seite als eigenständige Marke, sei es aufgrund Eintragung oder auch Verkehrsgeltung. Aber auch ein Schutz der Seite bzw. des Layouts vor Nachahmung über das Corporate Design (Eintragung oder Verkehrsgeltung) wäre denkbar. Dabei könnte ein lediglich aus einer bestimmten Farbkombination bestehendes Corporate Design als Farbmarke schutzfähig sein, aber auch die Verwendung von bestimmten Abbildungen und Logos an

---

[199] Koch, U., Otto, D., Rüdlin, M., Recht für Grafiker und Webdesigner, S. 71.
[200] Eisenmann, H., Jautz, U., Grundriss gewerblicher Rechtsschutz und Urheberrecht, S. 99 ff.
[201] Koch, U., Otto, D., Rüdlin, M., Recht für Grafiker und Webdesigner, S. 71 f.
[202] Eisenmann, H., Jautz, U., Grundriss gewerblicher Rechtsschutz und Urheberrecht, S. 99 ff.

festgelegten Stellen, könnte ein Corporate Design als Marke und somit zumindest das Layout einer Webseite schützen.

3.3.2.6 Sonstiges

Voraussetzung für die Aufrechterhaltung des Schutzes einer eingetragenen Marke und die Entstehung des Schutzes durch Verkehrsgeltung ist, wie weiter oben schon angeführt wurde, die Benutzung der Marke im geschäftlichen Verkehr. Hierunter fallen demnach alle Handlungen, die nicht privater oder amtlicher Natur sind. In der Vergangenheit wurde bereits die Absicht der geschäftlichen Nutzung als Handeln im geschäftlichen Verkehr anerkannt. Die Rechtsprechung entfernt sich allerdings, ebenso wie die Literatur, von diesem Standpunkt. Was das für dieses Buch wichtige Themengebiet Internet angeht, so kann bereits das Versehen der eigenen Webseite mit Werbebannern als Handeln im geschäftlichen Verkehr angesehen werden.[203]

Der entstandene markenrechtliche Schutz erstreckt sich bei einer lediglich in Deutschland eingetragenen Marke auf das gesamte Bundesgebiet. Ein Schutz, der aufgrund Verkehrsgeltung entstanden ist, erstreckt sich lediglich auf das Gebiet, in dem die Verkehrsgeltung erreicht wurde.[204] Allerdings ist es auch möglich nationale Marken in ein internationales Register eintragen zu lassen. Grundlage für diese IR-Marken ist das Madrider Markenabkommen (MMA), nach dem sich Angehörige der MMA-Staaten in allen anderen Vertragsländern den Schutz ihrer Marke sichern können. Diese Eintragung kann allerdings aus den gleichen Gründen, wie die Eintragung einer nationalen Marke abgewiesen werden. Der Schutz einer für Deutschland eingetragenen IR-Marke ist dann allerdings auch der gleiche, wie der Schutz einer national angemeldeten Marke.[205] Für den europäischen Rechtsraum gibt es noch eine weitere Möglichkeit markenrechtlichen Schutz, der über die eigenen Landesgrenzen hinausgeht, zu erlangen. Mit einer Eintragung der Marke als Gemeinschaftsmarke beim HABM in Alicante erlangt diese für alle 27 Mitgliedsstaaten der europäischen Union Schutz.

---

[203] Siebert, S., Die rechtssichere Webseite, S. 23 f.
[204] Ilzhöfer, V., Patent-, Marken- und Urheberrecht, S. 122.
[205] Eisenmann, H., Jautz, U., Grundriss gewerblicher Rechtsschutz und Urheberrecht, S. 118 f.

Anders, als bei der IR-Marke lässt sich dieser Schutz nicht für bestimmte Länder begrenzen, der Schutz erstreckt sich immer auf alle Mitgliedsstaaten[206].

Auch, wenn Marken international eingetragen sind, stellt sich bei markenrechtlichen Verstößen im Internet immer die Frage nach der Zuständigkeit der jeweiligen nationalen Gesetze und Gerichte. Für allgemeine internationale Fälle versucht dies das Internationale Privatrecht (IPR) zu regeln. Für den Bereich des Markenrechts hat sich dabei das Schutzlandprinzip, d.h. es ist das Recht des Landes anwendbar, in dem die Marke geschützt ist, durchgesetzt. Für Verstöße im Internet gestaltet sich dies allerdings etwas schwieriger, da Webseiten in der Regel nicht nur lokal in einem Land abrufbar sind. Webseiten sind in der Regel ohne Einschränkung überall auf der Welt zu erreichen, weshalb hier andere Bestimmungen angewendet werden müssen.[207] Nach Ansicht der Gerichte liegt ein markenrechtlicher Verstoß im Inland noch nicht vor, wenn die Webseite lediglich im entsprechenden Land abrufbar ist.[208] Die Webseite muss zudem einen eindeutigen wirtschaftlich relevanten Inlandsbezug aufweisen. Dieser kann u.a. über die Sprache der Webseite, die Staatsangehörigkeit von Kläger und Beklagtem, die Verwendung von Währungen, die Werbung für die Seite im Inland und den Bezug des Geschäftsgegenstands zum Inland beurteilt werden.[209] Diese Ansicht vertritt auch der I.Zivilsenat des BGH, da durch diese Regelung eine Begrenzung der zuständigen Gerichtsstände erreicht werden kann.[210] Auch der BGH kommt in seinem Urteil vom 13.10.2004 (AZ.: I ZR 163/02) zum gleichen Ergebnis, wonach im Inland abrufbare Angebote ausländischer Dienstleistungen im Internet erst bei Vorliegen eines wirtschaftlich relevanten Inlandsbezugs kennzeichenrechtliche Ansprüche nach dem deutschen Markengesetz begründen können.[211]

---

[206] http://oami.europa.eu/ows/rw/pages/CTM/communityTradeMark/communityTradeMark.de.do, Stand 03.03.2009.
[207] Siebert, S., Die rechtssichere Webseite, S. 33 f.
[208] Auch hierzu wieder BGH v. 22.07.2004, I ZR 135/01 = GRUR 2005, 262 ff oder BGH v. 23.06.2005, I ZR 288/02 = GRUR 2006, 159 ff.
[209] Hoeren, T., Internetrecht, S. 44 f.
[210] Danckwerts, R. N., Örtliche Zuständigkeit bei Urheber-, Marken- und Wettbewerbsverletzungen im Internet – Wider einen ausufernden „fliegenden Gerichtsstand" der bestimmungsgemäßen Verbreitung, GRUR 2007 Heft 2 , S. 104.
[211] BGH v. 13.10.2004, I ZR 163/02 = GRUR 2005, 431.

3.4 Das Designrecht

3.4.1 Allgemeines

Das Designrecht, oder wie es eigentlich in der Rechtssprache richtig bezeichnet wird Geschmacksmusterrecht, basiert auf dem aus dem Jahr 2004 stammenden Geschmacksmusterreformgesetz zum Geschmacksmustergesetz (GeschmMG). Durch dieses Gesetz wurde die Richtlinie 98/71 EG des Europäischen Parlaments vom 13.10.1998 in nationales Recht umgesetzt. Zusammen mit der engen Anlehnung an die Verordnung über das Gemeinschaftsgeschmacksmuster trägt es somit zur Harmonisierung des Geschmacksmusterrechts in der EU bei.

Das Geschmacksmustergesetz ist, wie alle anderen Immaterialgütergesetze, ein absolutes, ausschließliches Recht, schützt jedoch lediglich eine ästhetische, gewerbliche Leistung, weshalb es auch Designrecht genannt wird. Im Gegensatz zum Urheberrecht wird beim Geschmacksmusterrecht ein geringerer Grad an Ästhetik vorausgesetzt. Aus diesem Grund bietet es sich für alle Schöpfungen, die keinen Urheberschutz erlangen bzw. bei denen es nicht sicher ist, ob diese die benötigte Schöpfungshöhe erreichen, an, eine Anmeldung als Geschmacksmuster vorzunehmen. [212]

Gemäß § 2 Abs. 1 GeschmMG müssen für einen geschmacksmusterrechtlichen Schutz jedoch auch bestimmte Voraussetzungen erfüllt werden. Gegenstand des Schutzes ist zunächst das Muster, dies können nach § 1 GeschmMG zwei- oder dreidimensionale Erscheinungsformen von Erzeugnissen oder Teilen von Erzeugnissen sein. Dabei können Linien, Konturen, Farben oder auch Oberflächenstrukturen als Merkmale für ein Muster herangezogen werden. Nach § 1 Abs. 2 GeschmMG sind alle industriellen und handwerklichen Gegenstände inklusive Verpackung, Ausstattung, grafische Symbole und typografische Schriftzeichen als Erzeugnis anerkannt. Lediglich Computerprogramme werden von einem Schutz ausgenommen.[213] In der Vergangenheit wurden so z.B. u.a. Kinderspielzeug, Schmuck, Textilien, Elektrogeräte und Tapeten als Geschmacksmuster geschützt. Das Geschmacksmustergesetz schützt also, ähnlich wie

---
[212] Eisenmann, H., Jautz, U., Grundriss gewerblicher Rechtsschutz und Urheberrecht, S. 79 f.
[213] Ilzhöfer, V., Patent-, Marken- und Urheberrecht, S. 100.

das Urheberrecht, lediglich die konkrete Verkörperung einer ästhetischen Leistung und nicht die damit verbundene Idee. Des Weiteren setzt der § 2 Abs. 1 GeschmMG voraus, dass das entsprechende Muster neu ist und eine Eigenart aufweisen kann. Dabei gilt gemäß § 2 Abs. 2 GeschmMG ein Muster als neu, wenn vor dem Anmeldetag kein identisches Muster der Öffentlichkeit zugänglich gemacht wurde. Die Voraussetzung der Eigenart erfüllt ein Muster, wenn es bei einem informierten Benutzer[214] einen Gesamteindruck hervorruft, der sich von dem Eindruck unterscheidet, den ein anderes Muster, das vor dem Anmeldetag offenbart wurde, beim gleichen Benutzer hervorrufen würde. Die zu erreichende Gestaltungshöhe des Musters wird im Gesetz nicht explizit festgelegt, sie unterscheidet sich im Einzelfall, orientiert sich allerdings am Grad der Gestaltungsfreiheit des Entwerfers bei der Entwicklung des Musters. Die Anforderungen an die Gestaltungshöhe sind demnach umso geringer, je weniger Gestaltungsfreiheit dem Entwerfer aufgrund einer großen Anzahl bereits geschützter Muster in den jeweiligen Erzeugnisarten gegeben ist. Ein Schutz als Geschmacksmuster kann allerdings auch aufgrund der in § 3 GeschmMG genannten Gründe versagt bleiben. Dazu gehören u.a. Erscheinungsmerkmale, die durch deren technische Funktion bedingt sind und Muster, die gegen die guten Sitten verstoßen.

Werden jedoch alle genannten Voraussetzungen von dem entsprechenden Muster erfüllt, so steht einem Schutz über das Geschmacksmustergesetz nur noch die Anmeldung beim DPMA entgegen. Diese muss schriftlich unter Angabe zur Identität des Anmelders, Wiedergabe des Musters und Angabe zur Verwendung des Musters abgegeben werden. Zudem muss eine Anmeldegebühr nach § 3 PatKostG von 70 € entrichtet werden. Die Wiedergabe des Musters kann als bildliche Darstellung, z.B. als Foto, erfolgen. Es ist jedoch zu Beachten, dass der spätere Schutz sich lediglich auf diese Darstellung bezieht und nicht auf das Original. Alle wichtigen Merkmale des Musters, die nicht gut sichtbar bei der Anmeldung wiedergegeben wurden, können demnach nicht geschützt sein. Des Weiteren lässt sich durch eine gute Darstellung bei der Anmeldung eine spätere Frage nach einer erlaubten oder unerlaubten Benutzung des Musters leichter beantworten. Eine unerlaubte Benutzung liegt demnach vor, wenn das „kopierte" Muster genügend Übereinstimmungen in Bezug auf die wichtigsten Gestaltungsmerkmale des eingetragenen Musters besitzt. Der Schutz des

---

[214] Der informierte Benutzer sollte dabei kein Laie auf dem entsprechenden Gebiet sein, er sollte allerdings auch kein Designexperte sein.

Geschmacksmusters wird nach Prüfung der formalen Voraussetzungen durch das DPMA durch die Eintragung in das Geschmacksmusterregister wirksam und ist zunächst für 5 Jahre gültig. Er kann jedoch gegen Bezahlung einer Gebühr um 5 Jahre verlängert werden. Die Verlängerung ist allerdings lediglich bis zu einer max. Schutzdauer von 25 Jahren möglich, danach ist das Muster frei verwendbar. Bei der Anmeldung des Musters werden lediglich die Eintragungshindernisse gemäß § 18 GeschmMG geprüft, die Erfüllung der Anforderungen an Neuheit und Eigenart werden erst bei einem Verletzungsprozess überprüft. Hierdurch kann sich der Inhaber eines Geschmacksmusters nicht so sicher über den gewährten Schutz sein, wie dies z.B. bei einem Patent der Fall wäre. Inhaber des Schutzes kann nach § 7 GeschmMG entweder der Entwerfer des Musters oder aber bei einem im Arbeitsverhältnis entstandenen Muster der Arbeitgeber sein. Der Inhaber des Geschmacksmusters besitzt dabei nach § 38 GeschmMG das ausschließliche Recht dieses zu benutzen und die Benutzung einem Dritten zu untersagen. Unter Benutzung versteht sich dabei u.a. die Herstellung, das Anbieten und das Inverkehrbringen. Wird dies nicht beachtet, drohen Unterlassungs-, Schadensersatz-, Beseitigungs-, Vernichtungs- und Auskunftsansprüche (§§ 42, 43, 46 GeschmMG). Wie schon im Markenrecht, so können auch im Geschmacksmusterrecht die damit verbundenen Rechte an dem Geschmacksmuster vererbt oder aber auch komplett übertragen werden.[215]

3.4.2 Die einzelnen Elemente der Webseite und deren Schutz

Wie bereits im Kapitel zum Urheberrecht angedeutet wurde, bietet das Geschmacksmusterrecht einen alternativen Schutz für Werke der angewandten Kunst. Als „kleines Urheberrecht" bietet es sich gerade für die Fälle an, in denen die benötigte Schöpfungshöhe nicht erreicht wird. Zu den schutzfähigen Elementen einer Webseite gehören die nun im Folgenden näher betrachteten stehenden Bilder, sowie die Webseite in ihrer Gesamtheit. Ein Schutz für Fotos, Töne, Musik, Animationen und Text kommt nach dem Geschmacksmusterrecht nicht in Betracht.

---

[215] Eisenmann, H., Jautz, U., Grundriss gewerblicher Rechtsschutz und Urheberrecht, S. 81 ff.

3.4.2.1 Stehende Bilder

Stehende Bilder und hier insbesondere die einzelnen Computergrafiken, Logos und Icons stellen gemäß § 1 GeschmMG ein Muster dar. Sie sind demnach zweidimensionale Erscheinungsformen eines ganzen Erzeugnisses oder eines Teils davon, da sie sich durch den Einsatz von Linien, Konturen und Farben auszeichnen. Sollten die Voraussetzungen des § 2 GeschmMG der Neuheit und Eigenart erfüllt sein, so könnten Computergrafiken, Logos und Icons theoretisch als Geschmacksmuster eingetragen werden. Ein Bespiel hierfür wäre demnach das Papierkorb-Icon der Firma Apple, welches in den USA als Geschmacksmuster eingetragen und geschützt ist. Dieses Icon erfüllte die beiden Voraussetzungen, da es in dieser Form und Darstellung zum Zeitpunkt der Anmeldung noch nichts Vergleichbares gegeben hatte. Das Icon war also neu und hatte eine Eigenart. Viele Grafiken, Logos und Icons werden diese Eigenart und vor allem Neuheit allerdings nicht aufweisen, weshalb für sie ein Schutz nach dem Geschmacksmusterrecht nicht in Frage kommen wird.[216] Zudem wird sich auch für einzelne Elemente, die zwar schutzfähig wären, die Frage stellen, ob sie als Geschmacksmuster eingetragen werden sollen. In der Regel steht der für einen Schutz als Geschmacksmuster notwendige Aufwand in keinem Verhältnis zum Nutzen solch eines Schutzes. Wie bereits oben erläutert, wird bei Anmeldung des Musters beim DPMA nicht geprüft, ob dieses die Voraussetzungen der Neuheit und Eigenart erfüllt. Der Schutzinhaber kann sich über den Schutz seiner Grafik nach dem Geschmacksmusterrecht also erst im Falle eines für ihn erfolgreich abgeschlossenen Verletzungsprozesses sicher sein. Für diejenigen Fälle, in denen die Kosten der Anmeldung und die Unsicherheit über den tatsächlichen Schutz keine Rolle spielen, bietet sich eine Eintragung als Geschmacksmuster jedoch weiterhin an.[217]

3.4.2.2 Die Webseite in ihrer Gesamtheit

Auch wenn der Schutz von stehenden Bildern grundsätzlich nach dem Geschmacksmusterrecht nicht ausgeschlossen ist, so wird er aus den bereits genannten Gründen wohl eher nicht in Betracht kommen. Ein Schutz der Webseite in ihrer

---

[216] http://www.selbst-und-staendig.de/50226711/im_rechtlichen_dschungel_beim_klau_von_websites_part_5.php, Stand 09.03.2009.
[217] Koch, U., Otto, D., Rüdlin, M., Recht für Grafiker und Webdesigner, S. 59 ff.

Gesamtheit ist jedoch weitaus wahrscheinlicher, weshalb dieser hier nunmehr näher erläutert wird.

Die Webseite in ihrer Gesamtheit kann gemäß § 1 GeschmMG musterfähig sein und demnach als Geschmacksmuster eingetragen werden. Das Geschmacksmustergesetz schützt Werke der angewandten Kunst, die neu sind und eine Eigenart aufweisen. Auch Webseiten können Werke der angewandten Kunst darstellen, da sie über ihre grafische Gestaltung das ästhetische Empfinden der Nutzer ansprechen. Des Weiteren dienen gerade Unternehmens-Webseiten gewerblichen Zwecken, da diese das Unternehmen überregional präsentieren und somit Informationen bereitstellen und neue Kunden werben. Damit eine Webseite allerdings die Voraussetzung der Eigenart nach § 2 Abs. 3 GeschmMG erfüllt, muss sich der Gesamteindruck der Seite von dem anderer Seiten unterscheiden. Des Weiteren ist bei der Beurteilung der Eigenart die durch die erforderliche Funktionalität der Seite vorgegebene Einengung der Gestaltungsfreiheit zu berücksichtigen. Die normale Aufteilung einer Seite in Seitenkopf, Informationsteil und Navigationsbereich kann dabei nicht zur Erfüllung der Voraussetzung der Eigenart herangezogen werden. Diese kann lediglich über die Gestaltung der einzelnen Seitenelemente erreicht werden. So wäre z.B. eine Variation der Anordnung der erwähnten Bereiche, die Verwendung besonderer Effekte, wie z.B. Mouse-Over oder andere dynamische Elemente, oder eine besondere Farbgestaltung denkbar.[218] Auch die Verwendung einzigartiger Grafiken kann Eigenart begründen, der Schutz der Webseite hängt allerdings immer an diesen, die Eigenart begründeten Elementen. Wird die Seite und insbesondere diese Elemente übernommen, so liegt ein geschmacksmusterrechtlicher Verstoß vor. Werden die Elemente allerdings entfernt und durch andere ersetzt, so erlischt auch der Schutz der ganzen Webseite.[219] Um überhaupt einen Schutz nach dem Geschmacksmustergesetz zu begründen, müssen sich die verwendeten Elemente und auch das gesamte Erscheinungsbild der Webseite deutlich von den bekannten Elementen der bestehenden Webseiten abheben. Dies kann jedoch bereits bejaht werden, sollten die Elemente bzw. die Webseite bei den Nutzern Wiedererkennungs- bzw. Identifikationseffekte auslösen. Ist dies der Fall, so ist der

---

[218] Heutz, S., Freiwild Internetdesign? - Urheber- und geschmacksmusterrechtlicher Schutz der Gestaltung von Internetseiten, MMR 2005 Heft 9, S. 567.
[219] http://www.selbst-und-staendig.de/50226711/im_rechtlichen_dschungel_beim_klau_von_websites_part_5.php, Stand 09.03.2009.

durch das Geschmacksmusterrecht gewährte Schutz umso größer, je mehr sich die Webseite von bereits bekannten Webseiten abhebt. Die Voraussetzung der Neuheit gemäß § 2 Abs. 2 GeschmMG werden Webseiten, die zuvor die Voraussetzung der Eigenart erfüllt haben, ebenfalls regelmäßig erfüllen können. Um den geforderten Gesamteindruck hervorzurufen, muss sich die Webseite in wesentlichen Merkmalen von anderen Seiten abheben und somit Elemente verwenden, die es zuvor noch nicht gegeben hat. Erfüllt eine Webseite durch ihr Erscheinungsbild all diese Voraussetzungen, so kann sie in ihrer Gesamtheit als Geschmacksmuster beim DPMA eingetragen werden. Die vom DPMA geforderte Wiedergabe kann dabei durch einen Screenshot oder eine Fotografie der Webseite erfüllt werden. Der so gewährte Schutz kann die Webseite, sollten alle Gebühren bezahlt sein, maximal für 25 Jahre u.a. vor Nachahmung schützen.[220]

3.4.3 Das europäische Gemeinschaftsgeschmacksmuster

In der Praxis wird sich ein Schutz der Webseite als Geschmacksmuster nach deutschem Recht allerdings aufgrund der Vielzahl der existierenden Seiten sehr schwer realisieren lassen.[221] Jedoch gibt es mit dem europäischen Gemeinschaftsgeschmacksmuster eine weitere Möglichkeit Schutz für die Webseite in ihrer Gesamtheit zu erreichen. Diese Möglichkeit soll nunmehr näher erläutert werden.

Das auf der Verordnung Nr.6/2002 vom 12.12.2002 beruhende europäische Gemeinschaftsgeschmacksmuster kann beim HABM in Alicante oder beim DPMA in München beantragt werden. Ebenso wie das nationale Geschmacksmuster, das neben diesem weiterhin Gültigkeit besitzt, gewährt es dem Inhaber ein Auschließlichkeitsrecht. Auch in den Schutzvoraussetzungen ist das Gemeinschaftsgeschmacksmuster dem deutschen Recht sehr ähnlich. So muss ein Muster nach Art. 4-6 GemGeschmMVO ebenfalls Neuheit und Eigenart aufweisen, um schutzfähig zu sein. Des Weiteren sind auch die Schutzausschließlichkeitsgründe (Art. 8, 9 GemGeschmMVO) und die Rechtswirkungen (Art. 19 GemGeschmMVO) die gleichen.

---

[220] Heutz, S., Freiwild Internetdesign? - Urheber- und geschmacksmusterrechtlicher Schutz der Gestaltung von Internetseiten, MMR 2005 Heft 9, S. 567.
[221] Heutz, S., Freiwild Internetdesign? - Urheber- und geschmacksmusterrechtlicher Schutz der Gestaltung von Internetseiten, MMR 2005 Heft 9, S. 567.

Vom deutschen Geschmacksmuster unterscheidet sich das europäische Gemeinschaftsgeschmacksmuster allerdings durch die Tatsache, dass ein Schutz nicht nur durch Eintragung ins Register gewährt wird. Ein Geschmacksmuster ist demnach bereits ab dem Zeitpunkt geschützt, ab dem es der Öffentlichkeit zugänglich gemacht, es also veröffentlicht und im normalen Geschäftsverlauf verwendet wurde (Art. 1 Abs. 2 GemGeschmMVO). Im Gegensatz zum eingetragenen Gemeinschaftsgeschmacksmuster gewährt es dem Inhaber allerdings lediglich das Recht die Nachahmung zu verbieten. Des Weiteren ist der Schutz des nichteingetragenen Musters auch nur auf 3 Jahre ab Veröffentlichung beschränkt (vgl. Art 11 GemGeschmMVO).[222] Gerade durch das nichteingetragene Gemeinschaftsgeschmacksmuster ergibt sich eine kostengünstige, sowie einfache Alternative Schutz für die Webseite in ihrer Gesamtheit zu erlangen. Erfüllen Webseiten die Voraussetzungen der Neuheit und Eigenart, so sind diese ab dem Zeitpunkt der Veröffentlichung im Internet als Gemeinschaftsgeschmacksmuster, zumindest für 3 Jahre vor Nachahmung geschützt. Die Webseite muss dazu in der europäischen Gemeinschaft abrufbar sein.[223] Des Weiteren könnte analog zu dem im Markenrecht Gesagten (vgl. Kap. 3.3.2.6) vorausgesetzt werden, dass die Webseite einen Bezug zum EG-Binnenmarkt aufweisen muss, um einen Schutz begründen zu können.[224] Ein weiterer Vorteil gegenüber dem nationalen Geschmacksmuster liegt in der Tatsache, dass die Anforderungen an die Eigenart bei eingetragenem und nichteingetragenem Gemeinschaftsgeschmacksmuster bedeutend niedriger angesetzt werden. Während nach deutschem Recht eine, wenn auch im Gegensatz zum Urheberrecht geringe Schöpfungshöhe erreicht werden muss, so muss ein Muster nach der Gemeinschaftsgeschmacksmusterverordnung lediglich Unterscheidungskraft aufweisen.

Eine Eintragung als Gemeinschaftsgeschmacksmuster oder ein Schutz als nichteingetragenes Gemeinschaftsgeschmacksmuster empfiehlt sich daher eher, als die Eintragung eines lediglich in Deutschland gültigen Geschmacksmusters. Auch die Eintragungsgebühr von 350 € für einen europaweiten Schutz, der ebenfalls max. 25 Jahre gültig ist und die gleichen Rechte wie nach deutschem Recht gewährt,

---

[222] Eisenmann, H., Jautz, U., Grundriss gewerblicher Rechtsschutz und Urheberrecht, S. 276 f.
[223] http://www.internetrecht-rostock.de/gemeinschaftsgeschmacks-_musterverordnung.htm, Stand 09.03.2009.
[224] Ohly, A., Designschutz im Spannungsfeld von Geschmacksmuster-, Kennzeichen- und Lauterkeitsrecht, GRUR 2007 Heft 9, S. 731 ff.

unterstreicht dies zusätzlich.[225] Das europäische Gemeinschaftsgeschmacksmuster, insbesondere das nichteingetragene, bietet Webdesignern und Webseiten-Betreibern eine gute Möglichkeit ihre Rechtsstellung nachhaltig zu verbessern.[226] Ähnlich, wie im Urheberrecht muss allerdings darauf geachtet werden, dass das Recht am Schutz des Geschmacksmusters nach deutschem und auch europäischem Recht dem Entwerfer zusteht. Dies wird in der Regel der Webdesigner sein, der aus diesem Grund die Rechte an dem Geschmacksmuster an den Auftraggeber abtreten sollte.[227]

---

[225] Heutz, S., Freiwild Internetdesign? - Urheber- und geschmacksmusterrechtlicher Schutz der Gestaltung von Internetseiten, MMR 2005 Heft 9, S. 567.
[226] Koch, U., Otto, D., Rüdlin, M., Recht für Grafiker und Webdesigner, S. 64.
[227] Heutz, S., Freiwild Internetdesign? - Urheber- und geschmacksmusterrechtlicher Schutz der Gestaltung von Internetseiten, MMR 2005 Heft 9, S. 567.

4 Wettbewerbsrecht

4.1 Einführung in das Wettbewerbsrecht

Wie bereits in Abschnitt 3.1 erwähnt, wird das Wettbewerbsrecht i.e.S. zum gewerblichen Rechtsschutz gezählt, der seines Zeichens zusammen mit dem Urheberrecht das Immaterialgüterrecht bildet. Unter Wettbewerbsrecht i.e.S. wird hier allerdings lediglich das Gesetz gegen den unlauteren Wettbewerb (Lauterkeitsrecht oder kurz UWG) verstanden. Der zweite Teil des Wettbewerbsrechts, das Kartellrecht (GWB), wird nicht zum gewerblichen Rechtsschutz und damit auch nicht zum Immaterialgüterrecht gezählt (vgl. Abb. 1). Das Kartellrecht hat dabei die Aufgabe die Existenz des freien Wettbewerbs zu sichern, während die Aufgabe des Lauterkeitsrechts in der Sicherung der Qualität des Wettbewerbs liegt. Für die nun folgenden Untersuchungen eines Schutzes der Webseite durch das Wettbewerbsrecht wird lediglich das Gesetz gegen den unlauteren Wettbewerb herangezogen. Aus diesem Grund soll dieses nun zunächst kurz im Allgemeinen vorgestellt werden, um auch die Unterschiede zu den bereits behandelten immaterialgüterrechtlichen Gesetzen aufzuzeigen.[228]

Das Gesetz gegen den unlauteren Wettbewerb, kurz UWG, trat am 08. Juli 2004 in Kraft. In dieser aktuellen Version des UWG wurden mehrere EU-Richtlinien in nationales Recht umgewandelt. So auch die Richtlinie 2002/58/EG, wodurch auch hier, wie z.B. im Geschmacksmusterrecht, ein Beitrag zur Harmonisierung auf europäischer Ebene geleistet wurde.[229] Zum 30.12.2008 wurde das Gesetz gegen den unlauteren Wettbewerb zum ersten Mal überarbeitet.[230] Wie der Name schon erahnen lässt, soll das UWG den Wettbewerb regeln. Genauer genommen ist es das wichtigste Gesetz, um den Wirtschaftswettbewerb zu regeln. Vor der Änderung des UWG zum 30.12.2008 definierte § 2 Abs. 1 Nr. 1 UWG den für dieses Gesetz sehr wichtigen Begriff der Wettbewerbshandlung, worunter jede Handlung einer Person verstanden wurde, die das Ziel hatte, zugunsten des eigenen oder eines fremden Unternehmens den Absatz oder

---

[228] Eisenmann, H., Jautz, U., Grundriss gewerblicher Rechtsschutz und Urheberrecht, S. 144 ff.
[229] Eisenmann, H., Jautz, U., Grundriss gewerblicher Rechtsschutz und Urheberrecht, S. 144.
[230] http://dejure.org/aenderungen/synopse-UWG-2009.html, Stand 12.03.2009.

den Bezug von Waren oder die Erbringung oder den Bezug von Dienstleistungen, einschließlich unbeweglicher Sachen, Rechte und Verpflichtungen zu fördern.[231] Der Begriff der Wettbewerbshandlung wurde durch die Änderung des UWG allerdings in „geschäftliche Handlung" abgeändert und neben der Anpassung der anderen Paragraphen an diesen neuen Begriff, wurde auch der Wortlaut des § 2 Abs. 1 UWG leicht abgewandelt.[232] Dies änderte nichts an der Tatsache, dass durch diese Definition jegliche privaten, amtlichen und auch geschäftsinternen Tätigkeiten nicht als Wettbewerbshandlung (bzw. geschäftliche Handlung) im Sinne des UWG angesehen werden. Das UWG kann demnach in diesen Bereichen, ebenso wie das Markengesetz, keinen Schutz gewähren. Unter der alten Definition der Wettbewerbshandlung, wurde ein Verhalten verstanden, das geeignet war den Absatz einer Person positiv zum Nachteil des Absatzes einer anderen Person zu verändern. Dies setzt allerdings voraus, dass zwischen den beiden Personen (oder auch Unternehmen) ein konkretes Wettbewerbsverhältnis besteht (vgl. § 2 Abs. 1 Nr. 3 UWG), sie entweder der gleichen oder einer ähnlichen Branche und der gleichen Wirtschaftsstufe angehören. Zusätzlich dazu müssen sie von denselben Abnehmern (Kunden) und Lieferanten abhängig sein.[233] Auch eine geschäftliche Handlung setzt demnach ein Wettbewerbsverhältnis voraus, weshalb sich an dessen Interpretation für das UWG nichts geändert haben sollte. Durch die Verwendung der Worte „mit dem Ziel" wurde in der alten Version des UWG vorausgesetzt, dass der Handelnde absichtlich eine Verbesserung seines Absatzes zuungunsten des Mitbewerbers durchführte. Diese Formulierung wurde allerdings entfernt, weshalb nunmehr alle Handlungen im geschäftlichen Verkehr unter § 2 Abs. 1 Nr. 1 UWG fallen können.[234] Grundsätzlich herrscht nach der deutschen Rechtsprechung Wettbewerbsfreiheit, das UWG versucht dabei nur den Unterschied zwischen lauterem (erlaubtem) und unlauterem (nicht erlaubtem) Wettbewerb festzulegen und den unlauteren Wettbewerb zu unterbinden. Es schützt dabei die unternehmerische Betätigung jedes Mitbewerbers vor unlauteren wettbewerblichen Angriffen durch die Konkurrenz. Zudem schützt es die Abnehmer (Kunden) und weiteren Marktteilnehmer vor Beeinträchtigungen durch unlauteren Wettbewerb. Der dritte und letzte in § 1 UWG festgehaltene Zweck des Gesetzes gegen den unlauteren Wettbewerb liegt im Schutz des Interesses der Allgemeinheit an einem unverfälschten

---

[231] Eisenmann, H., Jautz, U., Grundriss gewerblicher Rechtsschutz und Urheberrecht, S. 145.
[232] http://dejure.org/aenderungen/synopse-UWG-2009.html, Stand 12.03.2009.
[233] Eisenmann, H., Jautz, U., Grundriss gewerblicher Rechtsschutz und Urheberrecht, S. 145 f.
[234] http://dejure.org/aenderungen/synopse-UWG-2009.html, Stand 12.03.2009.

Wettbewerb. Während der bereits weiter oben angesprochene § 2 UWG einige Begriffsdefinitionen enthält, regelt § 3 UWG das Verbot des unlauteren Wettbewerbs, das durch die nicht abschließende Aufzählung des § 4 UWG von Handlungen, welche als unlauter anzusehen sind, ergänzt wird. Sollte demnach ein Marktteilnehmer gegen §3 UWG verstoßen, stehen dem beeinträchtigten Mitbewerber nach §§ 8-10 UWG Beseitigungs-, Unterlassungs-, Schadensersatz- und Gewinnabschöpfungsansprüche zu[235].

4.2 Ergänzender wettbewerbsrechtlicher Leistungsschutz

4.2.1 Allgemeines

Interessant für die Untersuchung des Schutzes einer Webseite durch das Gesetz gegen den unlauteren Wettbewerb sind besonders die in § 4 Nr. 9 UWG festgehaltenen Unlauterkeitshandlungen. Diese unter dem Begriff des ergänzenden wettbewerbsrechtlichen Leistungsschutzes zusammengefassten Handlungen werden nunmehr zunächst allgemein dargestellt.

Der Begriff des wettbewerbsrechtlichen Leistungsschutzes ist eigentlich umfassender, als die durch § 4 Nr. 9 UWG abgedeckten Handlungen. Das damit erfasste Rechtsgebiet der Ausnutzung fremder Leistungen ist demnach nur ein Teilbereich des wettbewerbsrechtlichen Leistungsschutzes, mitunter allerdings der wichtigste. In Kapitel 4.1 wurde bereits erwähnt, dass Wettbewerb grundsätzlich nicht verboten ist. Nunmehr lässt sich ergänzend feststellen, dass auch nachahmender Wirtschaftswettbewerb grundsätzlich nicht wettbewerbswidrig ist. Dies lässt sich einfach durch die Tatsache begründen, dass gerade im Wirtschaftsbereich viele Entwicklungen und Fortschritte ohne das Nachahmen und Weiterentwickeln bereits bekannter Leistungen nicht möglich gewesen wären. § 4 Nr. 9 UWG soll dabei nun jedoch regeln, welche Handlungen als Ausnutzung fremder Leistungen und damit wettbewerbswidrig anzusehen sind. Die Ausnutzung fremder Leistungen lässt sich dabei zunächst in zwei verschiedene Arten, die Nachahmung und die unmittelbare Leistungsübernahme, aufteilen. Die Nachahmung unterscheidet sich dabei allerdings von der unmittelbaren Leistungsübernahme dadurch, dass eine fremde Leistung unter

---

[235] Eisenmann, H., Jautz, U., Grundriss gewerblicher Rechtsschutz und Urheberrecht, S. 147 ff.

Einsatz eigener Leistung kopiert wird. Bei der unmittelbaren Leistungsübernahme wird die fremde Leistung dahingegen einfach ohne Einsatz eigener Leistung vervielfältigt. Ein Beispiel hierfür könnte demnach die identische Übernahme fremder AGB durch Ablichten darstellen. § 4 Nr. 9 UWG bezieht sich allein auf die Nachahmung fremder Waren oder Dienstleistungen, weshalb die unmittelbare Leistungsübernahme im Folgenden nicht mehr berücksichtigt wird.

Wie bereits einleitend erwähnt wurde, ist Nachahmung in der Rechtsprechung grundsätzlich erlaubt. Lediglich Werke, die über das Urhebergesetz, Geschmacksmustergesetz, Patentgesetz, Gebrauchsmustergesetz oder Markengesetz geschützt sind, dürfen nicht nachgeahmt werden. Unlauterkeit i.S. des § 4 Nr. 9 UWG liegt bei Nachahmung fremder Waren oder Dienstleistungen erst vor, wenn zusätzlich einer der in diesem Paragraphen aufgeführten Umstände vorliegt:
- die vermeidbare Herkunftstäuschung (§ 4 Nr. 9 a UWG)
- das Ausnutzen der Wertschätzung (§ 4 Nr. 9 b UWG) und
- die unredliche Erlangung von Kenntnissen (§ 4 Nr. 9 c UWG)

Bei der vermeidbaren Herkunftstäuschung handelt es sich primär um Verwechslungsgefahr. Die Marktteilnehmer gehen irrigerweise davon aus, dass die ihnen offenbarten nachgeahmten Waren oder Dienstleistungen aus dem Unternehmen des Originals stammen. Sie werden also über die Herkunft der Ware getäuscht und verwechseln den Nachahmer mit dem eigentlichen Hersteller. Dies geschieht natürlich dadurch, dass der Nachahmer es versäumt hat diese Verwechslungsgefahr durch geeignete Kennzeichnung bzw. Variation seiner Leistung vorab zu vermeiden. Eine Verwechslung kann allerdings auch nur vorliegen, wenn die nachgeahmten Waren oder Dienstleistungen und das dahinterstehende Unternehmen im Markt bekannt sind und diese dazu geeignet sind vom Kunden diesem bestimmten Unternehmen zugeordnet zu werden. Demnach ist der Tatbestand der vermeidbaren Herkunftstäuschung in den Fällen gegeben, in denen eine nachgeahmte Leistung, welche wettbewerbliche Eigenart aufweist und den Verkehrskreisen bekannt ist, ohne Maßnahmen zur Vermeidung der Verwechslungsgefahr auf den Markt gebracht wurde. Welche Maßnahmen und in welchem Umfang diese hierbei vorgenommen werden müssen, um einer Herkunftstäuschung entgegenzutreten, sind von der Bekanntheit und der wettbewerblichen Eigenart der nachgeahmten Leistung abhängig. Der Nachahmer muss folglich seine

Leistung durch umso mehr Merkmale vom Original unterscheiden, je mehr wettbewerbliche Eigenart und Bekanntheit vorliegen. Dies kann z.B. durch Änderung der äußeren Form, der Farbgestaltung oder der Aufmachung erreicht werden.[236] Gerade in der Werbung wird ein hohes Maß an Eigenart und Bekanntheit vorausgesetzt, um wettbewerbsrechtlichen Schutz zu begründen. Die Nachahmung von Werbeideen, Werbemotiven, Werbestile oder Kernargumenten sind in der Regel nicht wettbewerbswidrig.[237] Unter dem in § 4 Nr. 9 b UWG aufgeführten Tatbestand der Ausnutzung der Wertschätzung werden Fälle verstanden, bei denen der gute Ruf eines Unternehmens genauer genommen dessen Ware oder Dienstleistung durch Nachahmung ausgenutzt wird. Ein bekanntes Beispiel für diesen Tatbestand wäre z.B. der Streit zwischen dem Uhrenhersteller Rolex und der Kaffeerösterei Tchibo.[238] Der BGH stellte dabei in seinem Urteil vom 08.11.1984 (AZ.: I ZR 128/82) fest, dass die von Tchibo angebotenen Uhren eine Imitation der Rolex-Uhren darstellten und somit der Absatz der Imitationen durch Ausbeutung des guten Rufs der Originale gefördert werden sollte.[239] Da die Ausführungen des § 4 Nr. 9 UWG nicht abschließend sind, können auch Fälle, in denen z.B. eine planmäßige Nachahmung oder die Ausnutzung einer Markterschließung vorliegen, wettbewerbswidrig sein.

4.2.2 Der Schutz der Webseite vor Nachahmung durch § 4 Nr. 9 UWG

Ein ergänzender wettbewerbsrechtlicher Leistungsschutz für Webseiten kann, wenn überhaupt, nur für bestimmte Einzelfälle in Frage kommen. Wie bereits dargestellt, kann das Wettbewerbsrecht lediglich die Fälle regeln, in denen Unternehmen oder Personen in einem Wettbewerbsverhältnis zueinander stehen. Private Webseiten-Betreiber, die gegenseitig Teile ihrer Webseiten oder sogar die ganze Seite nachahmen, können auf der einen Seite nicht über das Wettbewerbsrecht bestraft werden, ihre Webseiten sind allerdings aus diesem Grund auch nicht über das Wettbewerbsrecht vor Nachahmung geschützt. Für diese privaten Fälle kommt also nur ein Schutz durch die weiter oben in diesem Buch behandelten Immaterialgüterrechte in Betracht. Sollten diese Sonderschutzrechte nicht greifen, so können die ungeschützten Elemente der

---

[236] Eisenmann, H., Jautz, U., Grundriss gewerblicher Rechtsschutz und Urheberrecht, S. 187 ff.
[237] Dies soll hier extra erwähnt werden, da Webseiten häufig als Werbemaßnahme eingesetzt werden und zudem ein Marketinginstrument der Unternehmen darstellen.
[238] Eisenmann, H., Jautz, U., Grundriss gewerblicher Rechtsschutz und Urheberrecht, S. 192.
[239] BGH v. 08.11.1984, I ZR 128/82 = GRUR 1985, 876 ff.

Webseite einfach von allen Internetbenutzern nachgeahmt und kopiert werden. Für diejenigen Fälle, in denen ein Wettbewerbsverhältnis vorliegt, kann der ergänzende wettbewerbsrechtliche Leistungsschutz auch nur flankierend eingreifen. In der Regel kann hierüber nur ein Schutz erreicht werden, wenn die anderen Immaterialgüterrechte keinen Schutz gewähren, da sonst, wie das OLG Hamm in seinem Urteil vom 24.08.2004 (Az.: 4U 41/04) feststellte, die Wertungen z.b. des Urhebergesetzes unterlaufen würden.[240] Da grundsätzlich Nachahmungsfreiheit besteht, müssen für einen ergänzenden wettbewerbsrechtlichen Leistungsschutz also zusätzliche Umstände auftreten, die eine Rufausbeutung oder Herkunftstäuschung begründen, um so die Webseite vor Nachahmung wegen unlauterer Wettbewerbshandlungen zu schützen.[241]

Die Nachahmung einer Webseite durch einen Mitbewerber könnte zunächst in der Nachahmung einzelner Grafiken, Logos oder Fotos liegen. Die Tatbestände des § 4 Nr. 9 UWG der Rufausbeutung bzw. Herkunftstäuschung sind allerdings erst erfüllt, wenn die Voraussetzung der wettbewerblichen Eigenart gegeben sind. Die nachahmenden Elemente auf der neuen Seite müssen demnach den Eindruck vermitteln, dass die aufgerufene Webseite entweder vom Betreiber der Original-Webseite stammt oder in irgendeinem Verhältnis zu diesem steht. Ist es dem Benutzer der Webseite nicht möglich eindeutig zu erkennen mit welchem Unternehmen er es zu tun hat, so kann § 4 Nr. 9 UWG die nachgeahmten Elemente wegen Herkunftstäuschung unter der weiteren Voraussetzung schützen, dass die Original-Webseite dem angesprochenen Personenkreis bereits bekannt ist. Dies kann z.B. bei ganz neuen Webseiten, von denen direkt Elemente übernommen werden, sehr schwierig sein.[242] Der Tatbestand der Herkunftstäuschung liegt demnach nicht vor, wenn trotz Übernahme einzelner Elemente die Identität des Nachahmers auf der Webseite deutlich wird. Dies kann z.B. durch gut sichtbare Anbringung des eigenen Firmenlogos auf der Webseite erfüllt sein. Die so nachgeahmten Elemente können dann frei verwendet werden, ein ergänzender wettbewerbsrechtlicher Leistungsschutz kann nicht greifen.[243] Ein Schutz der Webseite wegen Rufausbeutung kommt dahingegen in Betracht, sollten die nachgeahmten

---

[240] Vgl. OLG Hamm v. 24.08.2002, 4U 41/04 = MMR 2005, 106.
[241] Eisenmann, H., Jautz, U., Grundriss gewerblicher Rechtsschutz und Urheberrecht, S. 188.
[242] http://www.selbst-und-staendig.de/5022671l/im_rechtlichen_dschungel_beim_klau_von_websites_part_8.php, Stand 14.03.2009.
[243] Heutz, S., Freiwild Internetdesign? - Urheber- und geschmacksmusterrechtlicher Schutz der Gestaltung von Internetseiten, MMR 2005 Heft 9, S. 567.

Elemente zusätzlich in der Lage sein den guten Ruf des Originals auf die nachgeahmte Webseite zu übertragen.[244] Es ist klar ersichtlich, dass in den jeweiligen Einzelfällen die Umstände und Besonderheiten angemessen berücksichtigt werden müssen, bevor eine Entscheidung über einen Schutz der Elemente nach dem Gesetz gegen den unlauteren Wettbewerb getroffen werden kann.[245] Solch eine Betrachtung lag dem in diesem Buch bereits oft angesprochenen Urteil des OLG Hamm zu Grunde. Obwohl das Gericht ein Wettbewerbsverhältnis feststellte und auch ein urheberrechtlicher Schutz der nachgeahmten Elemente nicht vorlag, wurde ein ergänzender wettbewerbsrechtlicher Leistungsschutz versagt, weil eine Herkunftstäuschung nicht festzustellen war. Der Nachahmer fügte in die nachgeahmte Grafik sein eigenes Logo ein, weshalb es dem Betrachter der Seite eindeutig möglich war, das dahinterstehende Unternehmen zu erkennen. Auch eine Rufausbeutung wurde verneint, da die nachgeahmten Grafiken nicht in der Lage seien den guten Ruf der Original-Seite auf die Seite des Nachahmers zu übertragen. Ihnen wurde also die benötigte wettbewerbliche Eigenart und Bekanntheit nicht zugesprochen, da sie sich nicht als Unterscheidungsmerkmal durchgesetzt hatten. So kam das Gericht zu dem Ergebnis, dass, auch wenn es sich um einen Mitbewerber handelt, die Übernahme einzelner Grafiken, die lediglich Schmuckelemente der Webseite sind, keinen wettbewerbsrechtlichen Schutz begründen kann.[246]

Das bisher Gesagte kann natürlich auch auf die Übernahme einer ganzen Webseite inkl. Content bzw. auf die Übernahme des Designs oder Layouts übertragen werden. Oft werden nicht nur einzelne ungeschützte Grafiken übernommen, auch die Übernahme der Farbgestaltung und Anordnung der einzelnen Elemente (z.B. Navigationsleiste) ist oft nicht geschützt und eignet sich sehr gut das Erscheinungsbild einer Webseite nachzuahmen und somit eine Herkunftstäuschung bzw. Rufausbeutung herbeizuführen. Jedoch müssen hier ebenfalls die jeweiligen Einzelfälle getrennt betrachtet und auf die Erfüllung der weiter oben ausführlich erklärten Voraussetzungen geprüft werden.[247] Es sollte jedoch immer beachtet werden, dass das Wettbewerbsrecht und hier insbesondere

---

[244] http://www.selbst-und-staendig.de/50226711/im_rechtlichen_dschungel_beim_klau_von_websites_part_9.php, Stand 14.03.2009.
[245] Heutz, S., Freiwild Internetdesign? - Urheber- und geschmacksmusterrechtlicher Schutz der Gestaltung von Internetseiten, MMR 2005 Heft 9, S. 567.
[246] OLG Hamm v. 24.08.2002, 4U 41/04 = MMR 2005, 106.
[247] Heutz, S., Freiwild Internetdesign? - Urheber- und geschmacksmusterrechtlicher Schutz der Gestaltung von Internetseiten, MMR 2005 Heft 9, S. 567.

der ergänzende wettbewerbsrechtliche Leistungsschutz nicht die Aufgabe hat die Webseite an sich bzw. die einzelnen Elemente zu schützen. Diese Aufgabe übernehmen die in diesem Buch ausführlich behandelten immaterialgüterrechtlichen Gesetze. Das Wettbewerbsrecht hat lediglich die Aufgabe die Verwechslungsgefahr zu verringern. Aus diesem Grund kann bei ungewollter Übernahme ganzer Webseiten-Designs schnell z.B. durch Änderung der eingesetzten Farben die Zuständigkeit des Wettbewerbsrechts umgangen werden.[248] Das die angeführten Voraussetzungen jedoch von einigen nachgeahmten Webseiten erfüllt werden und somit ein ergänzender wettbewerbsrechtlicher Leistungsschutz für diese in Betracht kommt, zeigt das sehr aktuelle Urteil des LG Rottweil vom 02.01.2009 (Az.: 4 O 89/08), welches hier nun abschließend ausführlich erläutert werden soll:

In diesem Fall ging es um Unterlassungsansprüche der Klägerin gegen die Beklagte aus § 8 Abs. 1, 3 Nr. 1 UWG i. V. m. § 4 Nr. 9 UWG. Es ging hier also um einen ergänzenden wettbewerbsrechtlichen Leistungsschutz, weil der Beklagten vorgeworfen wurde die Webseite der Klägerin in prägenden Teilen nachgeahmt zu haben. Klägerin und Beklagte arbeiteten beide auf dem Gebiet der Sicherheitsdienstleistungen, weshalb ein Wettbewerbsverhältnis unterstellt werden konnte. Die von der Beklagten betriebene Webseite stellte nach Ansicht des Gerichts eine Nachahmung der Webseite der Klägerin i.S. von § 4 Nr. 9 UWG dar. Der Webseite der Klägerin wurde wettbewerbliche Eigenart zugesprochen, da durch ihren besonderen Aufbau, die Farbgestaltung, die Menüführung und insbesondere das durch ein animiertes Auge geprägte Layout nicht alltäglich sei. Zudem seien diese Elemente dazu geeignet auf die betriebliche Herkunft der Webseite hinzuweisen. Gerade das animierte Auge wurde von der Beklagten unverändert übernommen, aber auch der Seitenaufbau und Content wurde nur teilweise von dieser leicht abgeändert, weshalb das Gericht zu dem Entschluss kam, dass die nachahmende Webseite in der Lage sei die Benutzer über ihre eigentliche Herkunft zu täuschen. Des Weiteren war das Gericht der Ansicht, dass die Ansprüche aus einem ergänzenden wettbewerbsrechtlichen Leistungsschutz in diesem Fall sogar unabhängig von eventuellen Ansprüchen aus dem Urhebergesetz vorliegen. Dies ist in ganz besonderen Fällen möglich, in denen besondere Umstände vorliegen, die außerhalb des

---

[248] http://www.selbst-und-staendig.de/50226711/im_rechtlichen_dschungel_beim_klau_von_websites_part_9.php, Stand 14.03.2009.

sondergesetzlichen Tatbestands liegen (vgl. OLG Köln v. 20.06.2007, 28 O 798/04). In diesem Fall lagen solche Umstände nach Ansicht des Gerichts vor, da die Beklagte die Webseite der Klägerin in sehr hohem Maß nachgeahmt hatte und so offensichtlich versuchte die Bekanntheit der Webseite der Klägerin für den Absatz ihrer eigenen Dienstleistungen auszunutzen.

Der Webseite der Klägerin wurde demnach ein ergänzender wettbewerbsrechtlicher Leistungsschutz gemäß § 8 Abs. 1, 3 Nr. 1 UWG i. V. m. § 4 Nr. 9 UWG neben dem Urheberrecht zugesprochen.[249]

Auch in dem Urteil des OLG Köln vom 20.06.2007 (Az.: 28 O 798/04)[250] ging es um einen ergänzenden wettbewerbsrechtlichen Leistungsschutz für eine Webseite. Der Schutz wurde auch hier gewährt, da eine unlautere Wettbewerbshandlung festgestellt wurde (Herkunftstäuschung). Das Urteil hatte zur damaligen Zeit allerdings Seltenheitswert, da es wenige bis gar keine Urteile zu diesem Themengebiet gab.[251] Das oben ausführlich erläuterte Urteil zeigt, dass dieses Thema jedoch immer noch sehr aktuell ist und es weiterhin Webseiten geben kann, die vor Nachahmung, auch durch das Wettbewerbsrecht, geschützt sein können.

---

[249] LG Rottweil v. 02.01.2009, 4 O 89/08.
[250] OLG Köln v. 20.06.2007, 28 O 798/04 = BeckRS 2007, 10711.
[251] http://www.dr-bahr.com/news/news_det_20070818145810.html, Stand 14.03.2009.

5 Wem stehen die behandelten Rechte zu?

In den vorangehenden Kapiteln wurde ausführlich untersucht, welche Möglichkeiten bestehen, um einen Schutz für Webseiten zu erlangen. Diese Untersuchungen wurden dabei meist allgemein bzw. aus Sicht des Webdesigners vorgenommen. Sollten Webdesigner und Webseiten-Betreiber die ein und dieselbe Person sein, so stellt sich wohl eher nicht die Frage, wer Inhaber der behandelten Rechte ist. In der Realität sind Webdesigner und Webseiten-Betreiber allerdings meistens unterschiedliche Personen. Das folgende Kapitel soll nunmehr kurz erläutern, wer der eigentliche Inhaber der Rechte an der Webseite oder an Teilen der Webseite ist und was er mit diesen Rechten machen kann.

5.1 Urheberrecht

Die günstigsten und wohl auch besten Chancen Schutz für eine Webseite zu erlangen, bietet das Urheberrecht. Aus diesem Grund ist es besonders wichtig zu klären, wem die Rechte an dem Werk „Webseite" zustehen und wie diese vertraglich am sichersten geregelt werden können. Nach § 7 UrhG ist der Schöpfer des Werkes auch gleichzeitig der Urheber. Ihm stehen die behandelten Verwertungs- und Urheberpersönlichkeitsrechte zu. Demnach wird in den meisten Fällen der vom Webseiten-Betreiber beauftragte Webdesigner der Urheber der Webseite bzw. der selbst erstellten Logos, Animationen, Fotos, Texte, Layouts, Designs oder Grafiken sein. In diesen Fällen ergibt sich allerdings das Problem, dass der Auftraggeber großes Interesse daran besitzt, die ausschließlichen Rechte an diesen Werken, die er ja auch bezahlt hat, zu erlangen. Wäre der Auftraggeber nämlich nicht der Inhaber der ausschließlichen Verwertungsrechte, so könnte der Webdesigner als Urheber die Werke auch für Aufträge anderer Kunden verwenden. Des Weiteren möchte der Auftraggeber die Webseiten auch so aktuell wie möglich halten, ohne jedes Mal die Erlaubnis des Webdesigners einzuholen, z.B. den Content aktualisieren zu dürfen. Auf der anderen Seite besteht natürlich die Gefahr, dass der Kunde die vom Webdesigner angefertigten Werke auch für andere Werbezwecke (z.B. Printwerbung) verwendet. Dies könnte aus Sicht des Webdesigners ebenfalls eine ungewollte Nutzung seiner Werke darstellen. Aus diesem Grund sollte die genaue

Regelung bezüglich der Rechte an den urheberrechtlich geschützten Werken, sowie die Verwendung dieser, vertraglich festgehalten werden.[252] In der Praxis werden solche, auch Werklieferungsverträge genannten, Verträge allerdings eher selten bzw. selten richtig ausgehandelt. Neben der Beschreibung u.a. des Leistungsgegenstandes, einer Beschreibung der Leistungsphasen mit konkreter Pflichtenverteilung, Angaben zur Vergütung und zum Fertigstellungstermin, sollten vor allem die urheberrechtlichen Nutzungsrechte in diesem Vertrag eindeutig festgehalten werden.[253] Der Urheber des Werkes kann seine Urheberpersönlichkeitsrechte nicht veräußern (vgl. dazu Kapitel 3.2). Er ist lediglich in der Lage Nutzungsrechte einzuräumen. Diese können in einfache und ausschließliche Nutzungsrechte aufgeteilt werden. Nur Inhaber ausschließlicher Nutzungsrechte können gegen Dritte rechtlich vorgehen und dürfen dem Urheber verbieten das Werk zu nutzen[254]. Aus diesem Grund sollte es im Interesse des Auftraggebers liegen solche ausschließlichen Nutzungsrechte an der Webseite oder den urheberrechtlich geschützten Teilen durch entsprechende Klauseln im Werkvertrag zu erlangen.[255] Ohne Vertrag stehen dem Auftraggeber in der Regel lediglich die Rechte zu, die ihm fairerweise aufgrund des Auftrages eingeräumt werden müssen, damit er die Webseite normal nutzen kann.[256] Des Weiteren ist bei der Einräumung von Rechten auch zu beachten für welche Nutzungsarten diese vergeben werden. Vor der Urheberrechtsnovelle „2. Korb" im Jahr 2008 regelte § 31 Abs. 5 UrhG die Tatsache, dass das Nutzungsrecht des Kunden sich nach dem Vertragszweck richtet, wenn im Vertrag nichts anderes vermerkt wurde. Für Webseiten bedeutete dies also, dass diese lediglich im Internet eingesetzt werden durften. Besonders problematisch war dies allerdings für zum Zeitpunkt des Vertragsschlusses noch unbekannte Nutzungsarten, für deren Nutzung zu einem späteren Zeitpunkt nachverhandelt werden musste. Seit 2008 ist es allerdings durch die Einführung des § 31a UrhG möglich auch für unbekannte Nutzungsarten Rechte zu vergeben. Der Inhaber dieser Rechte muss dann lediglich die neue Nutzung beim Urheber melden und ihm eine angemessene Vergütung bezahlen.[257]

Ein Werkvertrag sollte zusätzlich zu dem oben Gesagten Vereinbarungen bezüglich des Vervielfältigungs-, Online-, Abrufs-, Verbreitungs-, Bearbeitungs- und

---

[252] Vgl. http://www.internetrecht-rostock.de/webseitengestaltung-recht.htm, Stand 17.03.2009.
[253] http://www.internetrecht-rostock.de/webdesign-vertrag.htm, Stand 17.03.2009.
[254] Brelle, J., Designrecht - Schutz kreativer Leistungen, S. 9.
[255] http://www.selbst-und-staendig.de/50226711/im_rechtlichen_dschungel_beim_klau_von_websites_part_7.php, Stand 17.03.2009.
[256] Koch, U., Otto, D., Rüdlin, M., Recht für Grafiker und Webdesigner, S. 53 f.
[257] Koch, U., Otto, D., Rüdlin, M., Recht für Grafiker und Webdesigner, S. 135 f.

Synchronisationsrechts enthalten.[258] Einen weiteren Sonderfall stellen diejenigen Webdesigner dar, die mit dem Auftraggeber in einem Arbeitsverhältnis stehen, es also zu ihren Aufgaben gehört die Webseiten zu erstellen. In diesen Fällen ist weiterhin der Webdesigner als Schöpfer des Werkes auch der Urheber. Dem Arbeitgeber stehen allerdings die Rechte zu, sich einfache oder auch ausschließliche Nutzungsrechte zu sichern. Dies kann im Arbeitsvertrag mit dem Webdesigner klar geregelt werden, aber auch ohne eine solche Regelung stehen dem Arbeitgeber diejenigen Rechte zu, die nach dem Zweck des Arbeitsvertrags erforderlich sind (vgl. § 31 Abs. 5. i. v. m. § 43 UrhG). Gehört es z.B. zu den Hauptaufgaben des Arbeitnehmers Webseiten zu erstellen, so stehen dem Arbeitgeber ausschließliche Rechte an diesen Werken zu. Voraussetzung für diese Regelungen ist natürlich immer die Schutzfähigkeit der erstellten Werke. Wie weiter oben angeführt wurde, können Webseiten in seltenen Fällen auch als Computerprogramm i.S. des § 69a ff UrhG Schutz genießen. Für diese Fälle sieht das Gesetz besondere Regelungen bezüglich der Nutzungsrechte vor. Die vermögensrechtlichen Nutzungsrechte an Computerprogrammen, die von Arbeitnehmern in Ausführung ihrer arbeitsvertraglichen Pflichten geschaffen worden, stehen regelmäßig gemäß § 69b Abs. 1 UrhG lediglich dem Arbeitgeber zu, sofern nichts anderes im Arbeitsvertrag geregelt wurde.[259]

5.2 Markenrecht

Die über das Markenrecht gewährten Rechte an der eingetragen oder durch Verkehrsgeltung erreichten Marke stehen in der Regel dem Markeninhaber zu.[260] Markeninhaber ist bei der eingetragen Marke die Person, die die Marke beim DPMA angemeldet hat. Es wird sich in der Praxis wohl eher nicht die Frage stellen, wer diese Anmeldung vornimmt. In den meisten Fällen wird dies, wenn überhaupt, der Auftraggeber (Webseiten-Betreiber) sein. Webdesigner als Markeninhaber könnten jedoch, wie bereits weiter oben erläutert, ihre Rechte an der Marke komplett an den Auftraggeber abgeben und eine entsprechende Vergütung verlangen. Inhaber einer Marke, die durch Verkehrsgeltung entstanden ist, kann grundsätzlich nur derjenige sein,

---

[258] Rademacher, N., Urheberrecht und gewerblicher Rechtsschutz im Internet, S. 124 f.
[259] Hoeren, T., Internetrecht, S. 188 ff.
[260] Brelle, J., Designrecht - Schutz kreativer Leistungen, S. 10.

für den die Marke Verkehrsgeltung erlangt hat. Dies wird bei Webseiten regelmäßig der Webseiten-Betreiber, also das Unternehmen sein.

5.3 Geschmacksmusterrecht

Nach § 7 GeschmMG steht das Recht des Geschmacksmusters dem Entwerfer des Musters zu. Dies wird in den meisten Fällen der Webdesigner sein. Er kann das Muster als Geschmacksmuster anmelden und gilt bis zum Beweis des Gegenteils als Inhaber der ausschließlichen Nutzungsrechte. Anders als im Urheberrecht könnte er diese jedoch komplett an den Auftraggeber veräußern, der dann Inhaber der Rechte wird. Für in einem Arbeitsverhältnis entstandene Muster regelt § 7 Abs. 2 GeschmMG die Vorgehensweise. Demnach steht das Recht zur Anmeldung des Musters, welches von einem Arbeitnehmer in Ausübung der arbeitsvertraglichen Pflichten entstanden ist, dem Arbeitgeber zu. Dieser erhält also auch die durch die Eintragung gewährten ausschließlichen Nutzungsrechte an dem Muster. Auch hier könnten z.B. abweichende Regelungen im Arbeitsvertrag festgehalten werden.[261]

5.4 Wettbewerbsrecht

Die bis hierhin behandelten Fragen sollten sich im Bereich des Wettbewerbsrechts nicht stellen. Ein Schutz für die Webseite kann hier lediglich erreicht werden, wenn die in Kapitel 5 erläuterten Voraussetzungen erfüllt werden. Der Webdesigner kann demnach keine auf das Wettbewerbsrecht bezogenen Rechte an einer Webseite innehaben oder durch den Werksvertrag an den Auftraggeber übergeben. In der Regel können über das Wettbewerbsrecht nur diejenigen Werke vor Nachahmung geschützt werden, die nicht über eines der anderen immaterialgüterrechtlichen Gesetze geschützt sind. Aus diesem Grund wird der Inhaber des so gewährten Schutzes regelmäßig der Webseiten-Betreiber, also das im geschäftlichen Verkehr handelnde Unternehmen sein.

---

[261] Brelle, J., Designrecht - Schutz kreativer Leistungen, S. 10.

6 Zusammenfassung und Fazit

In dem vorliegenden Buch befasste sich der Autor mit dem Themengebiet „rechtlicher Schutz von Webseiten". Ziel war es die verschiedenen Möglichkeiten, über die eine Webseite oder ein bestimmter Teil dieser vor Nachahmung und ungewollter Übernahme geschützt werden kann, aufzuzeigen. In den jeweiligen Kapiteln wurden zunächst die allgemeinen Eigenschaften und Schutzvoraussetzungen der jeweiligen Gesetze erläutert, bevor die Untersuchungen zum Schutz der Webseite durchgeführt wurden. Auch die durch die verschiedenen Webtechniken gegebenen Möglichkeiten, sowie auch Einschränkungen, wurden am Anfang ausführlich dargestellt, bevor im letzten Kapitel erläutert wurde, wem die behandelten Rechte an der Webseite zustehen.

Es ist klar ersichtlich, dass es kein „Patentrezept" gibt, an das bei der Bearbeitung der Frage „Ist meine Webseite rechtlich vor Nachahmung geschützt?" festgehalten werden kann. Es sind immer verschiedene Faktoren zu berücksichtigen. Auch die Globalität des Mediums Internet und die große Anzahl an vorhandenen Webseiten machen es nicht einfacher die meist auf nationale Ebene beschränkten Gesetze für den Schutz von Webseiten, aber auch andere rechtliche Fragen bezüglich des Internets, eindeutig anwenden zu können. Die Ergebnisse der vorgenommenen Untersuchungen sollen hier nunmehr nicht alle wiederholt werden, da diese bereits am Ende jeder Untersuchung zusammengefasst wurden. Die grobe Vorgehensweise und die wichtigsten Erkenntnisse seien hier jedoch noch einmal erwähnt.

Bei der Untersuchung des rechtlichen Schutzes einer Webseite sollte zunächst geklärt werden, ob die Webseite bzw. bestimmte Bestandteile dieser, wie z.B. Fotos, Animationen, Grafiken, Töne, Videos, Texte, Designs usw., urheberrechtlich geschützt sind. Das Urheberrecht bietet einen kostenlosen Schutz für geistige Schöpfungen im kulturellen Bereich. Demnach können also theoretisch alle Bestandteile einer Webseite und auch die Webseite in ihrer Gesamtheit durch das Urheberrecht mit deren Schaffung geschützt sein. Es muss lediglich die Voraussetzung an die persönlich-geistige Schöpfung nach § 2 Abs. 2 UrhG erfüllt werden. Diese Voraussetzungen sind, wie in diesem Buch ausführlich gezeigt wurde, von Werk zu Werk unterschiedlich hoch angesetzt. Aus diesem Grund ist es für einige Bestandteile leichter, für andere schwerer, einen Schutz über das Urheberrecht zu erreichen. Es lässt sich festhalten, dass das Urheberrecht eine gute Basis für den rechtlichen Schutz von Webseiten bildet und auf jeden Fall als erste Möglichkeit herangezogen werden sollte, sollte es zu ungewollten Nachahmungen der eigenen Webseite kommen.

Wird allerdings der urheberrechtliche Schutz aufgrund fehlender Schöpfungshöhe oder anderen schutzverhindernden Gründen nicht gewährt, so könnte in zweiter Instanz über den Schutz einzelner Elemente nach dem Markenrecht nachgedacht werden. Aufgrund der Tatsache, dass ein Schutz nach dem Markenrecht nur für im geschäftlichen Verkehr handelnde Unternehmen oder Personen in Frage kommt und dieser Schutz mit hohen Kosten verbunden ist, wird er für viele Webseiten nicht in Betracht kommen. Trotz alledem können über das Markenrecht theoretisch Logos, Grafiken, Animationen, Töne, Jingles und auch die Webseite in ihrer Gesamtheit geschützt werden. Es fehlen jedoch Beispiele aus der Praxis, die diese theoretischen Untersuchungen festigen.

Auch das Designrecht (Geschmacksmusterrecht) und insbesondere auf europäischer Ebene das Gemeinschaftsgeschmacksmusterrecht bieten ebenfalls eine zusätzliche Möglichkeit bestimmte Teile der Webseite zu schützen. Nicht nur für Werke, die keinen Urheberschutz genießen, auch für urheberrechtlich geschützte Werke kann ein Schutz durch das Geschmacksmusterrecht in Frage kommen. Aufgrund der niedriger angesetzten Schutzvoraussetzungen wird das Designrecht auch „kleines Urheberrecht" genannt. So können vor allem Werke der angewandten Kunst, für diesen Fall also alle Icons, Grafiken, Logos und die Webseite in ihrer Gesamtheit als Geschmacksmuster eingetragen werden. Ähnlich wie im Markenrecht ist auch hier bei der Eintragung eine Gebühr zu zahlen, weshalb ein geschmacksmusterrechtlicher Schutz wohl nicht in allen Fällen Anwendung finden wird. Des Weiteren besteht mit dem nichteingetragenen Gemeinschaftsgeschmackmuster auch, ähnlich dem Urheberrecht, die Möglichkeit die Webseite mit dem Moment ihrer Schaffung für maximal 3 Jahre kostenlos vor Nachahmung zu schützen.

Die letzte und lediglich für einen bestimmten Teil der Webseiten in Frage kommende und untersuchte Möglichkeit die eigene Seite zu schützen, stützt sich auf das Wettbewerbsrecht. Das Gesetz gegen den unlauteren Wettbewerb hat zur Aufgabe die

Qualität des Wettbewerbs zwischen den Marktteilnehmern zu sichern. Für den hier untersuchten Fall bedeutet dies, dass auch über § 4 Nr. 9 UWG ein ergänzender wettbewerbsrechtlicher Leistungsschutz für die Webseite erreicht werden kann. Dieser Schutz greift allerdings nur in den Fällen, in denen die beiden Unternehmen oder Personen, um deren Webseite es sich dreht, in einem Wettbewerbsverhältnis zueinander stehen. Des Weiteren sollte in den meisten Fällen kein anderes Immaterialgüterrecht die Webseite oder die entsprechenden Bestandteile bereits schützen. In diesen Fällen kann, wie das Urteil des LG Rottweil vom 02.01.2009 gezeigt hat, ein Schutz der Webseite vor Nachahmung aufgrund Herkunftstäuschung oder Rufausbeutung gewährt werden. Bei der Beantwortung der oben gestellten Frage nach dem rechtlichen Schutz einer Webseite sollten zunächst allerdings die anderen immaterialgüterrechtlichen Sonderrechte beachtet werden und flankierend dazu kann versucht werden einen Schutz nach dem UWG zu erreichen.

Abschließend wäre festzuhalten, dass in der deutschen Rechtsprechung keine speziell auf das Internet abgestimmten Gesetze vorhanden sind. Die bestehenden Gesetze können allerdings für die in Zukunft wohl immer häufiger auftretenden rechtlichen Fragen bezüglich des immaterialgüter- und wettbewerbsrechtlichen Schutzes einer Webseite eine Antwort geben. In den jeweiligen Fällen, in denen Webseiten oder Teile davon nachgeahmt oder sogar 1:1 kopiert werden, sind die vorliegenden Voraussetzungen jedes Mal aufs Neue zu prüfen. Mit Hilfe der in diesem Buch behandelten Gesetze kann sodann eine Lösung für den vorliegenden Fall gefunden werden. Mit Zunahme der Anzahl der abrufbaren Webseiten und der durch ihre Aufgaben und Ziele gesetzten Grenzen im kreativen Gestaltungsspielraum, wird es in Zukunft immer schwerer die eigene Webseite vor ungewollter Übernahme zu schützen. Es wird Aufgabe der Webdesigner sein, immer kreativere Webseiten, Elemente und Designs zu erschaffen, um gerade die Möglichkeit eines urheberrechtlichen aber auch marken-, design- und wettbewerbsrechtlichen Schutzes unter den Voraussetzungen der bestehenden Gesetze aufrechterhalten zu können.

Literaturverzeichnis

Backhaus, Klaus; Hoeren, Thomas (2007), „Marken im Internet", München, Vahlen Verlag

Balzert, Heide (2007), „Basiswissen Web-Programmierung", Witten, W3L

Berlit, Wolfgang (1995), „Das neue Markenrecht", München, C.H. Beck Verlag

Born, Günter (1998), „HTML 4", München, Markt und Technik Verlag

Büchner; Traub; Zahradka; Zschau (2000), „Web Content Management", Bonn, Galileo Press

Danckwerts, Rolf Nikolas (2007), „Örtliche Zuständigkeit bei Urheber-, Marken- und Wettbewerbsverletzungen im Internet – Wider einen ausufernden „fliegenden Gerichtsstand" der bestimmungsgemäßen Verbreitung", GRUR 2007 Heft 2, S. 104, München, C.H. Beck Verlag

Dehnhardt, Wolfgang (2002), „Scriptsprachen für dynamische Webauftritte", München, Hanser Verlag

Eisenmann, Hartmut; Jautz, Ulrich (2006), „Grundriss gewerblicher Rechtsschutz und Urheberrecht", 6.Auflage, Heidelberg, C.F. Müller Verlag

Fesler Kaminaris, Stephanie (2001), „Jetzt lerne ich Java Server Pages", München, Markt und Technik Verlag

Götting, Horst-Peter (2007), „Gewerblicher Rechtsschutz", 8.Auflage, München, C.H. Beck Verlag

Heutz, Stefan (2005), „Freiwild Internetdesign? - Urheber- und geschmacksmusterrechtlicher Schutz der Gestaltung von Internetseiten", MMR 2005 Heft 9, S. 567,München, C.H. Beck Verlag

Hirsemann, Thorsten; Rochusch, Dorothea (2003), „ JavaScript – Wissen, das sich auszahlt", Berlin, SPC TEIA Lehrbuch Verlag

Hoeren, Thomas (2008), „Internetrecht", Münster, Universität Münster

Hudson, Paul (2006), „PHP in a nutshell", Köln, O´Reilly

Ilzhöfer, Volker (2007), „Patent-, Marken- und Urheberrecht", 7.Auflage, München, Vahlen Verlag

Koch, Uwe; Otto, Dirk; Rüdlin, Mark (2009), „ Recht für Grafiker und Webdesigner", Bonn, Galileo Press

Kübler, Magdalene (1999), „Webdesign", Heidelberg, dpunkt. Verlag

Lamprecht, Stephan (1999), „Programmieren für das WWW", München, Hanser Verlag

Leupold, Andreas; Glossner, Silke (2008), „ Münchner Anwalts Handbuch IT-Recht", München, C. H. Beck Verlag

Nave, José Campos (2004), „Markenrecht in der Unternehmenspraxis , Wiesbaden, Gabler Verlag

Ohly, Ansgar (2007)., „Designschutz im Spannungsfeld von Geschmacksmuster-, Kennzeichen- und Lauterkeitsrecht", GRUR 2007 Heft 9, S. 731 ff, München, C.H. Beck Verlag

Rademacher, Nicole Denise (2003), „Urheberrecht und gewerblicher Rechtsschutz im Internet", Berlin, Erich Schmidt Verlag

Ringmayr, Thomas; Bormann, Carsten (2002), „Macromedia Flash – Wissen, dass sich auszahlt", Berlin, SPC TEIA Lehrbuch Verlag

Röper, Michael (2001), „Grafikwerkzeuge für professionelles Webdesign", München, Hanser Verlag

Schack, Haimo (2001), „Urheberrechtliche Gestaltung von Webseiten unter Einsatz von Links und Frames", MMR 2001 Heft 1 , S. 9, München, C. H. Beck Verlag

Seeboerger-Weichselbaum, Michael (2001), „JavaScript", Frechen, bhv-Verlag

Siebert, Sören (o. Z.), „Die rechtssichere Website", Wehlau, B.4U Verlag

Stöckl, Andreas; Bongers, Frank (2005), „Einstieg in TYPO 3", Bonn, Galileo Press

Turau, Volker (2000), „Java Server Pages", Heidelberg, dpunkt. Verlag

Utz, Rainer (2007), „Verkehrsgeltung der Marke im Internet" in Backhaus, Klaus; Hoeren, Thomas (2007), „Marken im Internet", München, Vahlen Verlag

Wandtke, Artur-Axel; Bullinger, Winfried (2006), „Praxiskommentar zum Urheberrecht", 2.Auflage, München, C. H. Beck Verlag

Wenz, Christian; Hauser, Tobias (2004), „Jetzt lerne ich Webseiten programmieren und gestalten", München, Markt und Technik Verlag

Westermann, Arne (2004), „Unternehmenskommunikation im Internet", Berlin, VISTAS Verlag

Quellenverzeichnis

Adobe Systems GmbH, „Adobe Flash Player", Online in Internet, „URL: http://www.adobe.com/de/products/flashplayer/", Stand 26.01.2009

Amt der europäischen Union für die Eintragung von Marken und Geschmacksmustern, „Was ist eine Geschmeinschaftsmarke", Online in Internet, „URL:http://oami.europa.eu/ows/rw/pages/CTM/communityTradeMark/communityTrademark.de.do", Stand 03.03.2009

ASP Helper, „Was ist ASP?", Online in Internet, „URL: http://www.asphelper.de/aspkurs/A100100.asp", Stand 21.01.2009

Brelle, Jens, „ Designrecht - Schutz kreativer Leistungen", Online in Internet, "URL: http://www.hamburgs-kreative.de/images/designrecht.pdf", Stand 17.03.2009

Creative Commons, "Was ist Creative Commons", Online in Internet, „URL: http://de.creativecommons.org/faqs/#wasist_anwort", Stand 23.02.2009

HTMLBASIS, "HTML: Was ist das?", Online in Internet, „URL: http://www.htmlbasis.de/htmlkurs/h_html.htm", Stand 19.01.2009

HTML.net, "Was ist HTML? Lektion 2", Online in Internet, „URL: http://de.html.net/tutorials/html/lesson2.asp", Stand 19.01.2009

HTML-World, "HTML: Einführung", Online in Internet, „URL: http://www.html-world.de/program/html_1.php", Stand 19.01.2009

HTML-World, "ASP: Einführung", Online in Internet, „URL: http://www.html-world.de/program/asp_1.php#wasistasp?", Stand 21.01.2009

HTML-World, „PHP: Einführung", Online in Internet, „URL: http://www.html-world.de/program/php_1.php", Stand 21.01.2009

HTML-World, „Java: Einführung", Online in Internet, „URL: http://www.html-world.de/program/java_1.php", Stand 26.01.2009

HTML-World, „Flash/Actionscript: Einführung", Online in Internet, „URL: http://www.html-world.de/program/flash_1.php", Stand 26.01.2009

Internerrecht-Rostock.de, „Urheberrechtlicher Schutz durch "©"? Was bringt der Copyright-Vermerk?", Online in Internet, „URL: http://www.internetrecht-rostock.de/copyright-urheberrecht.htm", Stand 05.02.2009

Internetrecht-Rostock.de, „Was ist urheberrechtlich geschützt?", Online in Internet, „URL: http://www.internetrecht-rostock.de/urheber.htm", Stand 12.02.2009

Internetrecht-Rostock.de, „Webseitenschutz durch Gemeinschaftsgeschmacksmusterverordnung", Online in Internet, „URL: http://www.internetrecht-rostock.de/gemeinschaftsgeschmacks-_musterverordnung.htm", Stand 09.03.2009

Internetrecht-Rostock.de, „Tut nicht weh: Ein Webdesign-Vertrag", Online in Internet, „URL: http://www.internetrecht-rostock.de/webdesign-vertrag.htm", Stand 17.03.2009

Internetrecht-Rostock.de, „Rechtliche Fallstricke bei der Webseitengestaltung", Online in Internet, „URL: http://www.internetrecht-rostock.de/webseitengestaltung-recht.htm", Stand 17.03.2009

Jere-Mias.de, „Urheberrecht und Copyright", Online in Internet, „URL: http://www.jere-mias.de/biwi/urheb1.html#26", Stand 05.02.2009

JSP TUTORIAL, „JSP Tutorial - Einleitung", Online in Internet, „URL: http://www.jsptutorial.org/content/introduction", Stand 22.01.2009

Juristischer Informationsdienst, „Synopse Gesetz gegen den unlauteren Wettbewerb Änderungen zum 30.12.2008", Online in Internet, „URL: http://dejure.org/aenderungen/synopse-UWG-2009.html", Stand 12.03.2009

Kanzlei Dr. Bahr, „LG Köln: Wettbewerbsrechtlicher Schutz von Webseiten", Online in Internet, „ URL: http://www.dr-bahr.com/news/news_det_20070818145810.html", Stand 14.03.2009

Linde, Frank; Ebber, Nicole, „Creative Commons Lizenzen: Urheberrecht im digitalen Zeitalter", wissensmanagement 3/07, Online in Internet „URL: http://www.antischokke.de/wp-content/uploads/2007/ebber_wm_01.pdf", Stand 23.02.2009

Ohly, Ansgar, „Vorlesungsskript zum Immaterialgüterrecht I", Bayreuth, Universität Bayreuth Lehrstuhl Zivilrecht VIII, Online in Internet „URL: http://www.zr8.uni-bayreuth.de/index.html", Stand 03.02.2009

PHP-Kurs, „Möglichkeiten, Einsatzgebiete und Grenzen von PHP", Online in Internet, „URL: http://www.php-kurs.com/anwendungen-php.htm", Stand 21.01.2009

Selbst-und-staendig.de, „Im rechtlichen Dschungel beim Klau von Websites Part 2", Online in Internet, „URL: http://www.selbst-und-staendig.de/50226711/im_rechtlichen_dschungel_beim_klau_von_websites_part_2.php ", Stand 10.02.2009

Selbst-und-staendig.de, „Im rechtlichen Dschungel beim Klau von Websites Part 10", Online in Internet, „URL: http://www.selbst-und-staendig.de/50226711/im_rechtlichen_dschungel_beim_klau_von_websites_part_10.php", Stand 28.02.2009

Selbst-und-staendig.de, „Im rechtlichen Dschungel beim Klau von Websites Part 5",
Online in Internet, „URL: http://www.selbst-und-staendig.de/50226711/im_rechtlichen_dschungel_beim_klau_von_websites_part_5.php
", Stand 09.03.2009

Selbst-und-staendig.de, „Im rechtlichen Dschungel beim Klau von Websites Part 8",
Online in Internet, „URL: http://www.selbst-und-staendig.de/50226711/im_rechtlichen_dschungel_beim_klau_von_websites_part_8.php
", Stand 14.03.2009

Selbst-und-staendig.de, „Im rechtlichen Dschungel beim Klau von Websites Part 9",
Online in Internet, „URL:http://www.selbst-und-staendig.de/50226711/im_rechtlichen_dschungel_beim_klau_von_websites_part_9.php
", Stand 14.03.2009

Selbst-und-staendig.de, „Im rechtlichen Dschungel beim Klau von Websites Part 7",
Online in Internet, „URL: http://www.selbst-und-staendig.de/50226711/im_rechtlichen_dschungel_beim_klau_von_websites_part_7.php
", Stand 17.03.2009

SELFHTML, „SELFHTML: Einführung/Web-Technologien/HTML", Online in Internet, „URL: http://de.selfhtml.org/intro/technologien/html.htm", Stand 19.01.2009

SELFHTML, „SELFHTML: Einführung/Web-Technologien/Stylesheets (CSS)", Online in Internet, „URL: http://de.selfhtml.org/intro/technologien/css.htm", Stand 20.01.2009

SELFHTML, „SELFHTML: Einführung/Web-Technologien/PHP", Online in Internet, „URL: http://de.selfhtml.org/intro/technologien/php.htm", Stand 21.01.2009

SELFHTML, „SELFHTML: Einführung/Web-Technologien/Java", Online in Internet, „URL: http://de.selfhtml.org/intro/technologien/java.htm", Stand 26.01.2009

SELFHTML, „SELFHTML: Einführung/Web-Technologien/Flash", Online in Internet, „URL: http://de.selfhtml.org/intro/technologien/flash.htm", Stand 26.01.2009

SELFHTML, „SELFHTML: Einführung/Web-Technologien/ActiveX", Online in Internet, „URL: http://de.selfhtml.org/intro/technologien/activex.htm", Stand 27.01.2009

Sitesubmission.de, „Metatag Generator – unkompliziertes Einfügen der Metatags in Ihre Webseite", Online in Internet, „URL: http://www.sitesubmission.de/metatag.htm", Stand 29.01.2009

Suchmaschinen-Online, „Meta Tags, alles was man dazu wissen muss", Online in Internet, „URL: http://www.suchmaschinen-online.de/optimierung/meta.htm", Stand 29.01.2009

Universität zu Köln – RRZK, „ActiveX", Online in Internet, „URL: http://www.uni-koeln.de/rrzk/www/browser/konfig/activex/", Stand 27.01.2009

Urherberrecht.org, „Urheberrechtsreform (Zweiter Korb) Zusammenfassung der Ergebnisse der Arbeitsgruppensitzungen", Online in Internet, „URL: http://www.urheberrecht.org/topic/Korb-2/bmj/707.pdf", Stand 04.02.2009

Virtueller Campus Projekt PH Bern, „Was ist JSP", Online in Internet, „URL: http://www.clab-forschung.phbern.ch/webdesign/index.php?inhalt_links=jsp/nav_jsp.inc.php&inhalt_mit te=jsp/home.inc.php", Stand 22.01.09

Virtueller Campus Projekt PH Bern, „Formularauswertung", Online in Internet, „URL: http://www.clab-forschung.phbern.ch/webdesign/index.php?inhalt_links=jsp/nav_jsp.inc.php&inhalt_mit te=jsp/formularauswertung.inc.php", Stand 22.01.0909

Virtueller Campus Projekt PH Bern, „Online- Anmeldung", Online in Internet, „URL: http://www.clab-forschung.phbern.ch/webdesign/index.php?inhalt_links=jsp/nav_jsp.inc.php&inhalt_mitte=jsp/anmeldung.inc.php", Stand 22.01.2009

Virtueller Campus Projekt PH Bern, „Adressverwaltung", Online in Internet, „URL: http://www.clab-forschung.phbern.ch/webdesign/index.php?inhalt_links=jsp/nav_jsp.inc.php&inhalt_mitte=jsp/adressen.inc.php", Stand 22.01.2009

Virtueller Campus Projekt PH Bern, „Inventar", Online in Internet, „URL: http://www.clab-forschung.phbern.ch/webdesign/index.php?inhalt_links=jsp/nav_jsp.inc.php&inhalt_mitte=jsp/inventar.inc.php", Stand 22.01.2009

Rechtsprechungsverzeichnis

BGH v. 22.12.1959, VI ZR 175/58 = GRUR 1960, 449

BGH v. 26.09.1980, I ZR 17/78 = GRUR 1981, 267

BGH v. 23.01.1981, I ZR 48/79 = GRUR 1981, 517

BGH v. 24.11.1983, I ZR 147/81 = GRUR 1984, 730

BGH v. 08.11.1984, I ZR 128/82 = GRUR 1985, 876

BGH v. 17.04.1986, I ZR 213/83 = GRUR 1986, 739

BGH v. 12.03.1987, I ZR 71/85 = GRUR 1987, 704

BGH v. 21.11.1991, I ZR 263/89 = GRUR 1992, 72 f

BGH v. 22.06.1995, I ZR 119/93 = GRUR 1995, 581

BGH v. 16.01.1997, I ZR 9/95 = NJW 1997, 1363

BGH v. 22.07.2004, I ZR 135/01 = GRUR 2005, 262

BGH v. 13.10.2004, I ZR 163/02 = GRUR 2005, 431

BGH v. 23.06.2005, I ZR 288/02 = GRUR 2006, 159

OLG Frankfurt/M. v. 04.08.1986, 6 W 134/86 = GRUR 1987, 44

OLG Frankfurt/M. v. 22.03.2005, 11 U 64/04 = MMR 2005, 705

OLG Hamburg v. 31.03.2004, 5 U 144/03 = BeckRS 2007, 12995

OLG Hamm v. 24.08.2002, 4U 41/04 = MMR 2005, 106

OLG Düsseldorf v. 29.06.1999, 20 U 85/98 = MMR 1999, 730

OLG Nürnberg v. 29.05.2001, 3 U 337/01 = GRUR 2002, 607

OLG Köln v. 20.06.2007, 28 O 798/04 = BeckRS 2007, 10711

OLG Rostock v. 27.06.2007, 2W 12/07 = GRUR-RR 2008, 1

LG München I v. 20.05.1998, 7 O 8969/98

LG München I v. 07.10.1998, 7 O 17914/98

LG München I v. 11.11.2004, 7 O 1888/04 = MMR 2005, 267

LG Rottweil v. 02.01.2009, 4 O 89/08

Anmerkung des Autors

Die in diesem Buch enthaltenen Untersuchungen sind Teil der Diplomarbeit des Autors, welche im Fachbereich Wirtschaftswissenschaften der Technischen Universität Kaiserslautern am Lehrstuhl für Zivilrecht, Wirtschaftsrecht, Geistiges Eigentum von Herrn Prof. Dr. Michael Hassemer betreut wurde.

Susanne Annelie Goehl

Gentechnik, Recht und Handel

Genmanipulierte landwirtschaftliche Produkte als Gegenstand des öffentlichen Wirtschaftsrechts

Diplomica 2009 / 108 Seiten / 39,50 Euro

ISBN 978-3-8366-7763-9

EAN 9783836677639

Gentechnik ist nach wie vor eines der umstrittensten Themen der deutschen, europäischen und internationalen Politik, was durch die aktuelle politische Diskussion über das Verbot des Genmais des Agrarkonzerns Monsanto besonders deutlich wird.

Dabei stellen die mit neuen technologischen Entwicklungen verbundenen Risiken eine Herausforderung für jede Rechtsordnung dar. Im Bereich Gentechnik gilt dies vor allem für das Umweltrecht und das Öffentliche Wirtschaftsrecht – zwei nationale Regelungsbereiche, die in besonders starkem Maße durch völkerrechtliche und europarechtliche Vorgaben geprägt sind.

Das vorliegende Buch gibt einen Überblick über die speziell für den Handel mit gentechnisch veränderten Produkten maßgeblichen verfahrens-, organisations- und materiell-rechtlichen Regelungen des Öffentlichen Wirtschaftsrechts. Das bestehende, komplexe Regelungswerk zum Schutz vor den Risiken der Gentechnik wird in verständlicher Weise dargestellt.

Carolin Adamski

Wirtschaftsmediation im Vergleich zum Zivilprozess

Eine Gegenüberstellung beider Konfliktlösungsverfahren

Diplomica 2009 / 100 Seiten / 49,50 Euro

ISBN 978-3-8366-7989-3

EAN 9783836679893

Unternehmen stehen in einer sich globalisierenden Welt immer stärker auf komplexe Weise miteinander in Verbindung. Dies bringt unweigerlich Konfliktpotential mit sich und das Thema des Konfliktmanagements gewinnt an Bedeutung.

In diesem Buch werden das Gerichtsverfahren und die Wirtschaftsmediation als zwei Konfliktbeilegungsverfahren miteinander verglichen. Dazu werden der übliche Weg der Konfliktbewältigung, der Gang vor die Gerichte, sowie die Wirtschaftsmediation genauer betrachtet. Vor- und Nachteile werden herausgearbeitet, um aufzuzeigen, was diese beiden Modelle generell und speziell im Hinblick auf Konflikte zwischen Unternehmen leisten können.

Ist man sich der Vor- bzw. Nachteile beider Verfahren bewusst, kann je nach Konfliktfall die passende Konfliktbeilegungsmethode gewählt und eine effiziente Konfliktlösung herbeiführt werden.

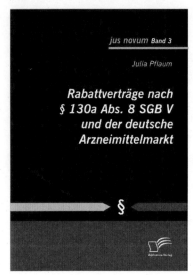

Julia Pflaum

Rabattverträge nach § 130a Abs. 8 SGB V und der deutsche Arzneimittelmarkt

Diplomica 2009 / 112 Seiten / 39,50 Euro

ISBN 978-3-8366-8071-4

EAN 9783836680714

Deutschland bietet mit seinem modernen und im internationalen Vergleich leistungsfähigen Gesundheitswesen allen Bürgern den Zugang zu einer hochwertigen Gesundheitsversorgung. Allerdings deutet die Entwicklung des Arzneimittelmarktes auf Steuerungsprobleme hin, denn seit Jahren steigen die Ausgaben für Arzneimittel zulasten der GKV bei gleichzeitig rückläufigen Verordnungszahlen. Daher beabsichtigt der Gesetzgeber eine stärkere Wettbewerbsorientierung und ermöglicht somit das selektive Kontrahieren der gesetzlichen Krankenkassen mit Pharmaunternehmen.

Die vorliegende Studie befasst sich mit den Arzneimittel-Rabattverträgen nach § 130a Abs. 8 SGB V und deren Auswirkungen auf die Akteure des deutschen Gesundheitswesens. In einer kritischen Analyse werden die Konsequenzen dieses seit dem GKV-WSG modifizierten Instrumentariums für die Patienten, die Leistungserbringer sowie die Gesetzliche Krankenversicherung aufgezeigt.

Alexandra Frerichs

Energiepreiskontrolle durch § 29 GWB

Chancen und Risiken der Implementierung vor dem Hintergrund des Energierechts und des Kartellrechts

Diplomica 2010 / 96 Seiten / 49,50 Euro

ISBN 978-3-8366-7988-6

EAN 9783836679886

Die Frage nach der Energieversorgung rückt immer mehr in den Mittelpunkt des täglichen Lebens. Die Kosten für Energie betragen sowohl bei Privatkunden als auch bei industriellen Kunden einen Großteil der Fixkosten. Aus diesem Grund werden Energiepreise kontrovers diskutiert.

Da die Energiekosten in den letzten Jahren kontinuierlich gestiegen sind, sah sich der Gesetzgeber gezwungen, Gegenmaßnahmen zu ergreifen. Im Dezember 2007 wurde § 29 GWB trotz anhaltender und vehementer Kritik verabschiedet. Der Paragraph soll die Möglichkeiten der Kartellbehörde verschärfen.

Alexandra Frerichs ermittelt in dieser Untersuchung mit Hilfe von Experteninterviews die Auswirkungen von § 29 GWB auf den Energiemarkt und seine Akteure. Im Fokus steht die Frage, ob die Novelle im Wettbewerb auf dem Energiemarkt Veränderungen bewirken kann. Insgesamt wurden von der Autorin hierzu 16 Interviews mit Experten aus den Bereichen Wissenschaft, Verbraucherverbände, Politik und Energieunternehmen geführt.